BIBLIA VERSIÓN REINA VALERA 1960

Texto impreso del comentario virtual de
labibliacontinentalad.com

The Aguillon Family Foundation

Dr. Rev. Teófilo J. Aguillón

EPÍSTOLA DEL APÓSTOL PABLO A LOS
ROMANOS
Biblia Reina Valera Revisión 1960

Texto impreso del comentario virtual de
labibliacontinentalad.com

The Aguillon Family Foundation 2024

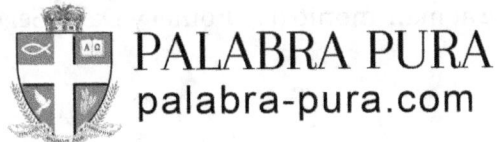

palabra-pura.com

LA EPÍSTOLA DEL APOSTOL PABLO A LOS ROMANOS

Copyright © 2024 The Aguillon Family Foundation
Todos los derechos reservados.
Derechos internacionales reservados.
ISBN: 978-1-951372-44-6

El texto bíblico ha sido tomado de la Versión Reina Valera 1960, Sociedades Bíblicas en América Latina*renovado 1988 Sociedades Bíblicas Unidas. Utilizado con permiso.

A reserva de algunas citas breves en libros, artículos críticos literarias (mencionando la fuente), ninguna parte de este comentario puede ser reproducido en ninguna forma por medios mecánicos o electrónicos, incluyendo almacenaje de información, sistemas de reproducción sin permiso previo emitido por los poseedores de los derechos legales.

ESCRITORES :
Pbro. Baltazar Zamora Z.
Pbra. Meribah García Texon
Pbra. Cecilia Torres Rodríguez
M.T. Onésimo Rentería
Pbra. Elizabeth Ramírez Rosales
Pbro. Gilberto Cordero Fourzan
Pbro. Jose M. Saucedo V.
Rev. Eliud Asaf Montoya

EDITORES:
Pbra. Elizabeth Ramírez R.
Pbro. Meribah García Texon
Rev. David L. Aguillón

DISEÑO Y MERCADEO:
Joel Aguillón
Rubén D. Aguillón.
Dr. Teófilo J. Aguillón
Editor Principal

The Aguillon Family Foundation
Agradece profundamente al matrimonio de Otoniel y Daisy Segovia, su apoyo económico a esta impresión.

RELIGIÓN/ COMENTARIO BÍBLICO/NUEVO TESTAMENTO/ CARTAS DE PABLO

IMPRESO EN ESTADOS UNIDOS DE AMÉRICA
PRINTED IN THE UNITED STATES OF AMERICA

Contenido

PRESENTACIÓN IX

INTRODUCCIÓN 11

BREVE BOSQUEJO 15

CAPÍTULO 1 17

CAPÍTULO 2 29

CAPÍTULO 3 37

CAPÍTULO 4 47

CAPÍTULO 5 55

CAPÍTULO 6 63

CAPÍTULO 7 71

CAPÍTULO 8 79

CAPÍTULO 9 89

CAPÍTULO 10 99

CAPÍTULO 11 109

CAPÍTULO 12 121

CAPÍTULO 13 133

CAPÍTULO 14 143

CAPÍTULO 15 153

CAPÍTULO 16 163

PREGUNTAS DE REAFIRMACIÓN 173

PRESENTACIÓN

El gran privilegio del comentario *labibliacontinentalad.com* es hacer más entendible a la generación actual el hermoso lenguaje de la Biblia Reina Valera 1960

La familia Aguillón con suma satisfacción presenta a la comunidad cristiana hispana, el texto impreso del comentario virtual de la Epístola del Apóstol Pablo a los Romanos, versión Reina-Valera 1960.

Un esfuerzo que comenzó con la aprobación de los directivos del Concilio Nacional de Las Asambleas de Dios en México y del Texas Gulf Hispanic District of The Assemblies of God, en los años 2016-2017, y el fuerte respaldo del ministerio en ambos países.

Para apoyar logística y financieramente el proyecto, se constituyó en el Estado de Texas: The Aguillon Family Foundation, incluyendo a todos los miembros de la familia: Teófilo J. y Olivia Aguillón y sus hijos Joel, David, Rebeca, y Rubén, cada uno dispuesto a aportar su dinero, su tiempo y sus talentos.

Para realizar el trabajo más importante, el Señor utilizó en nuestro apoyo, a un distinguido grupo de ministros quienes, cimentados en su experiencia pastoral, su erudición y su capacidad literaria, con mucha dedicación, comentaron los 27 libros del Nuevo Testamento con sus 260 capítulos, desde Mateo hasta el Apocalipsis, versículo a versículo. Escribiendo comentarios de su propia autoría, realizando los mejores análisis, consultando las obras especializadas de reconocidos autores, escudriñando enciclopedias cristianas y seculares, así como fundamentando textos controversiales en los valiosos comentarios en las biblias de estudio, especialmente la insustituible Biblia de Estudio Pentecostal, llamada ahora Biblia de Estudio de la Vida Plena. Todo contextualizado dentro de nuestra cultura y con aplicaciones en la vida de la iglesia actual. Ellos son, en la Epístola a los Romanos:

Pbros. Baltazar Zamora, Eliud A. Montoya, Onésimo Rentería, Gilberto Cordero F. J.Manuel Saucedo y Luis Fernando Caballero. Así como las Pbras. Meribah García, Cecilia Torres y Beatriz Elizabeth Ramírez.

En la Epístola a los Romanos que presentamos hoy, reconocemos el final arreglo editorial y el debido registro en los Estados Unidos, del experimentado director de la **Editorial palabra-pura.com**, Rev. Eliud A. Montoya, quien elaboró además los cuestionarios de los capítulos, para que este libro se utilice en los Institutos bíblicos y como un recurso de apoyo para la mejor comprensión de esta valiosa Epístola. De igual manera procedió antes en la publicación de la Epístola a los Efesios, primer esfuerzo escrito de la Fundación.

> Profundamente agradecemos el apoyo económico de los esposos Otoniel y Daisy Segovia, que hicieron posible la publicación de este libro.

INTRODUCCIÓN

Las Epístolas de Pablo son una fuente de riqueza teológica en cuyas aguas se ha deleitado el pensamiento cristiano a lo largo de la historia de la iglesia. En ellas se encuentra la mayor parte de la estructura doctrinal profesada por el cristianismo bíblico. Romanos aparece en primer lugar en los escritos paulinos. No significa lo anterior una precedencia cronológica en cuanto a las demás, sino una primacía en importancia, ya que contiene la más detallada exposición y el mayor testimonio que Saulo de Tarso recibió de Jesucristo.

Martín Lutero, el gran reformador, en su prefacio a la epístola escribió: "Esta epístola es el libro principal del Nuevo Testamento, el evangelio más puro. Merece no sólo ser conocida palabra por palabra por todo cristiano, sino debiera ser el objeto de su meditación diaria, el pan cotidiano de su alma". Todo mundo identificaría a Romanos 1:17 como el texto más importante en la mente de Lutero sobre Romanos: *"Porque en el evangelio la justicia de Dios se revela por fe y para fe, como está escrito: Mas el justo por la fe vivirá"*. Ese fue el que detonó la proclamación sobre la trascendental doctrina de "la justificación por la fe", sin embargo, la porción más importante sobre la Epístola y tal vez sobre el Nuevo Testamento, la ubicó Lutero en Romanos 3: 21-26, escribiendo esa declaración en el margen izquierdo de su Biblia.

Veinte años después, (Strasbourgo, Francia, 18 de Octubre, 1539) el otro gran reformador, Juan Calvino, escribiendo su introducción sobre la Epístola declaró: *"Quien alcance a comprenderla habrá hallado en ella la puerta abierta para penetrar hasta el más oculto tesoro de la Escritura"*. El tradujo la frase de Romanos 1:17: *"se revela por fe y para fe"*, en francés, diciendo: *"se revela de fe en fe"*.

Autor: De convicciones firmes y de fe calada, es Pablo siervo de Jesucristo, el autor de la epístola a los Romanos. Con la gracia del llamamiento recorrió el mundo llevando el mensaje evangélico a todas las naciones importantes de su tiempo. Fundó iglesias en las principales ciudades del imperio romano, implantó un sistema de discipulado que aseguró la calidad de la transmisión de la fe cristiana y proveyó mediante sus escritos un fundamento sólido para la recta edificación de la vida moral y espiritual de los seguidores de Cristo en todos los tiempos.

Receptores: Se dirige la carta a los creyentes radicados en la ciudad imperial. Se dirige a los romanos no porque pretenda llegar a todo habitante de Roma, sino porque los creyentes de las comunidades que ya habían surgido representan a los amados de Dios, llamados a ser santos allí mismo, y por difusión natural a los esparcidos en el Imperio que pronto se beneficiarían de esa magistral epístola. Resulta claro en la lectura de la epístola que a pesar de la distancia y de no haber estado allí todavía, que conocía a muchos de los residentes en la Roma capitalina, que se reunían en casas, como era de esperarse, en tanto no construyeran sus templos.

Romanos 15:20 parece indicar que Pablo consideraba a Roma como su territorio apostólico, lo que confirma la creencia de que la iglesia de Roma fue establecida por convertidos de Pablo en Macedonia y Asia. Por seguro también de judíos y prosélitos convertidos el día de pentecostés (Hch 2:10). El capítulo 16 es una joya de la literatura epistolar mencionando a decenas de personas, tanto de Corinto como de Roma, bien conocidas de Pablo y que mueve la imaginación ubicándonos bajo sus techos.

NOTA HISTÓRICA: Cuando el Dr. David Yonggi Cho, (1936-2021) comenzó su trascendental ministerio de células en Corea, rompió moldes orientales, colocando como líderes a mujeres de su naciente congregación, inspirado en la decena de prominentes hermanas que se mencionan en el capítulo 16 de Romanos. En 1994, cuando asistimos al Congreso Mundial de las Asambleas de Dios, (los Pbros. Leobardo Zozaya, Raúl García, mi esposa Olivia y su servidor Dr. Teófilo J. Aguillón) contaba con 22 000 células funcionando en los hogares, comandadas mayormente por mujeres. Wikipedia lo menciona, describiendo a su iglesia con 830 000 miembros. Hasta aquí llegó la influencia de Pablo y sus colaboradores, tanto en Corinto como en Roma.

Lugar y fecha: Todos los eruditos concuerdan en citar Corintio como el lugar desde donde Pablo envió la epístola a los romanos. Entre las principales razones se aducen las siguientes: aparece la recomendación del Apóstol sobre Febe, portadora de la carta la cual era diaconisa de la iglesia en Cencrea. Se envía un saludo de Gayo hospedador del autor, así como de Erasto, tesorero de la ciudad. La fecha de la redacción se ubica entre los años 57-58 d. C. durante el tercer viaje misionero y antes de viajar Pablo a Jerusalén con la ofrenda de las iglesias.

Ocasión: Se nota en las expresiones un conocimiento por parte del siervo de Cristo, de ciertas tensiones existentes entre judíos y gentiles miembros de las congregaciones romanas, que por seguro se reunían en casas, camino a construir pronto sus templos. De ahí que se dedica a exponer principios teológicos y éticos a fin de aliviar la situación y promover la comunión cristiana que llevara a un desarrollo saludable de las iglesias.

La amplia lista de saludos indica que, a pesar de no tener contacto con la asamblea cristiana en Roma, (o mejor dicho, asambleas) había razones de peso para sentir amor especial por ellos, diciéndoles en la introducción: *"a todos los que estáis en Roma, amados de Dios, llamados a ser santos"* (Ro 1:7), pues tenía parientes y amigos entrañables en el ministerio en aquella ciudad. Así, aprovecha el viaje de Febe para enviar con ella la misiva. (Ro 16:1–15).

Propósitos:
Jorge G. Parker, autor de Estudios sobre Romanos presenta cuatro objetivos de la carta:

    a. Dar instrucción sistemática y plena a los cristianos en Roma.

    b. Combatir la tendencia legalista en la iglesia.

    c. Edificar a los creyentes en las nacientes iglesias de Roma.

    d. Propiciar una recepción favorable para sí cuando llegara a Roma.

Tema: la justificación por la fe en Cristo.

Se divide Romanos en dos secciones, de acuerdo con el estilo paulino, la primera parte eminentemente teológica (capítulos del 1 al 11), y la última de línea ética (capítulos del 12 al 16). La doctrina bíblica es la base de la fe, mientras la conducta cristiana es la manifestación o el resultado de ésta.

Su extensión y claridad en el trato de los temas trascendentes en la conformación del edificio teológico del cristianismo, hacen de Romanos fuente obligada de consulta para los ministros de todos los tiempos y de edificación en cualquiera de los ramos del servicio eclesiástico. El teólogo debe estudiar Romanos para fortalecer la solidez a su doctrina del pecado y la salvación, establecer la diferencia entre la ley y la gracia y la operación del Espíritu Santo en el creyente justificado para ayudarle a vencer la fuerza de la carne mortal. Es importantísima la consideración de los pasajes sobre la soberanía de Dios en la historia, la predestinación y el proyecto divino para los que están en Cristo.

Encontrará el escatólogo una riqueza invaluable sobre temas como la ira y los elementos del juicio divino sobre el mundo, la redención plena de los hijos de Dios involucrando a la creación entera y su restauración a una gloriosa realidad. "Se romperá la testa" analizando el proceso ejecutado por el Altísimo para con los que preconoció y destinó para la glorificación, pasando por el llamamiento y la justificación. Chocará de frente con un asunto ineludible de la escatología: el destino de Israel en el proyecto de quien lo constituyó como su pueblo.

El misionero encontrará principios misionológicos vitales, como la necesidad de que el mundo entero oiga el evangelio de acuerdo con el plan de Dios; se verá desafiado a llevar el conocimiento de la gracia de Cristo atravesando toda barrera nacional y cultural. Notará la importancia de que surja un pueblo sustentador económicamente a favor de los enviados, a fin de que los hermosos pies de los anunciadores de la paz no se detengan por razones menores.

Abunda el material en Romanos para los evangelistas. Allí se encuentra la base para sermones sobre la realidad del pecado y sus nefastas consecuencias en la humanidad. Para predicar sobre el amor y la gracia de Dios, la cual testifica que no mereciendo los pecadores tal bien, el Hijo fue enviado para la salvación de quienes creen en Él.

La fe como único y suficiente medio para acceder a la justicia bendita del Santo, y la esperanza de redención plena en la venida del Señor, son temas que el predicador explotará de esta mina apostólica. Y no se diga de la confesión del Señorío de Cristo y la creencia de corazón en su resurrección para la salvación, asunto ineludible para todo evangelista.

De ninguna otra mente, sino del inspirado acervo de Pablo pudo brotar el caudal teológico de la epístola a los Romanos. Allí aparecen los temas bien desarrollados, con la extensión precisa para dejar todo explicado con claridad, pues se tratan con amplitud los asuntos fundamentales de la doctrina evangélica. No es de extrañar que la historia testifique de un Agustín, un Lutero, un Calvino y hasta un Wesley que llegaron al conocimiento de Dios a través de las páginas de esta carta. Ellos encontraron la mina de la cual extrajeron el metal precioso para enriquecer al mundo con sus comentarios eruditos.

BREVE BOSQUEJO

INTRODUCCIÓN: 1:1-17

A. Romanos 1:17 base para la doctrina de la justificación por la fe.
B. Necesidad de ser justificados por Cristo.
   1. Los gentiles 1:18-32.
   2. Los judíos 2: 1 -3:8.
   3. La humanidad toda 3: 9-20.
C. La provisión de justicia divina (3:21-5:21).
   1. La justificación por la fe 3: 21-31 (Lutero: la sección más importante del Libro).
   2. Abraham, un ejemplo de la justificación 4:1-25.
   3. Las bendiciones de la justicia 5:1-11.
D. Comparación entre Adán y Cristo Jesús 5:12-21.
E. Santificación: 6:1-8:39.
   1. Libertad de la esclavitud que ocasiona el pecado 6:1-23.
   2. Libertad de los conflictos que ocasiona la ley.
   3. Libertad gloriosa producida por el Espíritu 8:1-39.
F. La restauración de Israel por gracia 9:1-11:36.
G. Aplicaciones prácticas de la justificación 12:1 -15:13.
   1. Individualmente, como creyentes 12:1,2.
   2. En la comunidad cristiana y secular 12:3-21.
   3. Con el gobierno 13:1-7.
   4. Disfrutando la ley del amor 13:8- 15:13.

Conclusión, saludos y bendición 15:14 – 16:2.

ROMANOS

CAPÍTULO 1

Salutación (Rom 1:1-7)

1:1 "Pablo, siervo de Jesucristo, llamado a ser apóstol, apartado para el evangelio de Dios".

En el primer versículo de esta hermosa carta el apóstol Pablo asume de forma directa su posición de siervo de Jesucristo. La palabra que escoge para esta caracterización es el griego *doúlos*, la cual da el sentido de sujeción o subordinación y tiene los sinónimos de esclavo, siervo, esclavitud, servicio. Adjetivaciones que, por cierto, eran bien entendidas por los primeros lectores de esta carta, dado el contexto sociopolítico de esclavitud del primer siglo.

Luego, pasa a reconocerse como apóstol, no para ocupar una posición jerárquica sino para ser un delegado, un embajador (en cadenas diría después), un comisionado de Cristo para hacer el trabajo encomendado con una dotación especial de parte del Señor. Asimismo, Pablo reconocería en 1 Corintios 4:9 que: *"según pienso, Dios nos ha exhibido a nosotros los apóstoles como postreros, como a sentenciados a muerte; pues hemos llegado a ser espectáculo al mundo, a los ángeles y a los hombres."* Esta perspectiva del ministerio y llamado, hacen de Pablo el siervo ideal para ser usado por Dios.

Al mismo tiempo, enfatiza su llamado a proclamar el evangelio (*evanguelion*) o sea el mensaje de buenas nuevas. No había otra razón para Pablo en este llamado, que no fuera predicar el mensaje de salvación como lo anota en 1 Corintios 9:16: *"Pues si anuncio el evangelio, no tengo por qué gloriarme; porque me es impuesta necesidad; y ¡ay de mí si no anunciare el evangelio!"*

1:2 "que Él había prometido antes por sus profetas en las santas Escrituras".

Sin mencionar cuales son estos profetas que habían anunciado el advenimiento del Señor Jesucristo, Pablo hace alusión en términos generales a estos proclamadores de la antigüedad. Desde Génesis a Malaquías este anuncio es recurrente, aún se debe recordar el *protoevangelio* (la primera mención profética de la obra de Jesucristo) en Génesis 3:15: *"Y pondré enemistad entre ti y la mujer, y entre tu simiente y la simiente suya; ésta te herirá en la cabeza, y tú le herirás en el calcañar."*

Al mismo tiempo, Pablo se convirtió en un experto construyendo la teología del Nuevo Testamento, tendiendo el puente hermenéutico desde el Antiguo Testamento hasta el Nuevo. En este capítulo, por ejemplo, cita a Habacuc, en el capítulo dos, recuerda el libro de Deuteronomio y al profeta Isaías y así sucesivamente en los demás capítulos.

1:3-5 *"acerca de su Hijo, nuestro Señor Jesucristo, que era del linaje de David según la carne, 4 que fue declarado Hijo de Dios con poder, según el Espíritu de santidad, por la resurrección de entre los muertos, 5 y por quien recibimos la gracia y el apostolado, para la obediencia a la fe en todas las naciones por amor de su nombre".*

Nota doctrinal: Con su característico estilo, el apóstol Pablo describe la ascendencia según la carne, de Jesús. En estos versículos recuerda el pacto davídico, el cual es una promesa directa de Jehová a David en 2 Samuel 7:12-13: *"Y cuando tus días sean cumplidos, y duermas con tus padres, yo levantaré después de ti a uno de tu linaje, el cual procederá de tus entrañas, y afirmaré su reino. Él edificará casa a mi nombre, y yo afirmaré para siempre el trono de su reino."* En el original griego la palabra que se usa para "linaje" es *σπέρμα*, en español, **spérma** –algo sembrado, derramado, incluida la «esperma» masculina; por implicación descendencia, específicamente remanente.

Asimismo, la resurrección de entre los muertos es una doctrina cardinal en el cristianismo pentecostal. En Hechos 23:6 se narra como Pablo usó sagazmente la creencia en la resurrección de parte de su grupo religioso los fariseos, para dividir la opinión del Sanedrín: *"Entonces Pablo, notando que una parte era de saduceos y otra de fariseos, alzó la voz en el concilio: Varones hermanos, yo soy fariseo, hijo de fariseo; acerca de la esperanza y de la resurrección de los muertos se me juzga."*

El Señor Jesucristo enseñó la doctrina de la resurrección con la muerte de su amigo Lázaro –¡vaya ejemplo! -, este milagro narrado de forma tan extraordinaria y puntual por el evangelista Juan da cuenta del poder que Jesús demostró sobre el espíritu terrorífico de la muerte al responder a Marta –la hermana de Lázaro- a la aseveración de esta afligida hermana, *"Señor, si hubieras estado aquí, mi hermano no hubiera muerto"*, Jesús le contestó : *"... Yo soy la resurrección y la vida; el que cree en mí, aunque esté muerto, vivirá..."* (Juan 11:25)

Más aún, el Espíritu Santo pone un sello contundente a esta poderosa doctrina en 1 Corintios 15:51-55: *"He aquí, os digo un misterio: no todos dormiremos, pero todos seremos transformados en un momento, en un abrir y cerrar de ojos, a la trompeta final; pues la trompeta sonará y los muertos resucitarán incorruptibles, y nosotros seremos transformados. Porque es necesario que esto corruptible se vista de incorrupción, y esto mortal se vista de inmortalidad".* ¡Qué gran victoria nos espera a todos los que creemos esta palabra! Ya no hay más esclavitud en el temor a la muerte porque Jesús mismo tiene en sus manos las llaves de la muerte y del Hades (Ap 1:18).

1:6,7 *"entre las cuales estáis también vosotros, llamados a ser de Jesucristo; 7 a todos los que estáis en Roma, amados de Dios, llamados a ser santos: Gracia y paz a vosotros, de Dios nuestro Padre y del Señor Jesucristo".*

Nota histórica: La historia de "Roma" es la historia de una nación que nació para ser uno de los imperios más poderosos de la antigüedad con casi quinientos años de duración. Roma era la capital del Imperio romano, lugar de asentamiento de los Césares, donde había también al igual que en la Atenas de Hechos 17:16-34 un templo, conocido aquí como el Panteón de Agripa, dedicado a todos los dioses romanos.(es muy posible que cada deidad tuviese su sitio de adoración) También se daba una especie de ola religiosa que incluso ganaba terreno sobre el racionalismo y la ciencia, es decir el crecimiento del culto divino a los emperadores.

En los tiempos en que se escribe esta carta, el emperador en funciones era el temible Nerón. El consenso da por hecho que fue escrita por Pablo desde Corinto en los años 57/58. A ciencia cierta, no se conoce quien fundó la iglesia (o iglesias) en Roma. En el libro de Hechos 8:4 se narra una posibilidad del establecimiento de esta iglesia: *"Pero los que fueron esparcidos iban por todas partes anunciando el evangelio".* También, Pablo tenía la intención de pasar a Roma de acuerdo a Hechos 19:21: *"Pasadas estas cosas, Pablo decidió en el espíritu ir a Jerusalén después de recorrer Macedonia y Acaya, diciendo: Después que haya estado allí, debo visitar también Roma".*

Deseo de Pablo de visitar Roma (Rom 1:8-15)

1:8-12 *"Primeramente doy gracias a mi Dios mediante Jesucristo con respecto a todos vosotros, de que vuestra fe se divulga por todo el mundo. 9 Porque testigo me es Dios, a quien sirvo en mi espíritu en el evangelio de su Hijo, de que sin cesar hago mención de vosotros siempre en mis oraciones, 10 rogando que de alguna manera tenga al fin, por la voluntad de Dios, un próspero viaje para ir a vosotros. 11 Porque deseo veros, para comunicaros algún don espiritual, a fin de que seáis confirmados; 12 esto es, para ser mutuamente confortados por la fe que nos es común a vosotros y a mí".*

Se comenta ingenuamente que muchos han predicado a más personas que aquellas a las que les predicó Pablo, que han plantado más iglesias que las que fundó el gran apóstol. Por seguro que así es, pero todos están de acuerdo en que las iglesias que estableció Pablo, dejó principios a seguir, por todas las edades. Se puede recordar la llegada de Pablo a Éfeso en Hechos 19:1-2: *"Aconteció que entre tanto que Apolos estaba en Corinto, Pablo, después de recorrer las regiones superiores, vino a Éfeso, y hallando a ciertos discípulos, les dijo: ¿Recibisteis el Espíritu Santo cuando creísteis? Y ellos le dijeron: Ni siquiera hemos oído si hay Espíritu Santo. Entonces dijo: ¿En qué, pues, fuisteis bautizados?"* Y allí se estableció el fundamento de una trascendental doctrina. Ésta era la forma en la cual se movía el apóstol Pablo, siempre en la dinámica del Espíritu Santo.

El apóstol Pablo al mismo tiempo que les reconoce a los hermanos de Roma su trabajo evangelístico, recalca las características de su propio ministerio cuando declara: *"a quien sirvo en mi espíritu en el evangelio..."*, Pablo usa la palabra griega λατρεύω latreúo, de λάτρις látris, es decir, un *doméstico* contratado para ministrar a Dios y rendirle un servicio. No se presenta como un jerarca eclesiástico, sino como un esclavo de Cristo. Un ejemplo que debieron haber seguido los jerarcas religiosos que fueron surgiendo y desde luego que deben seguir todos los líderes de las iglesias.

1:13-15 *"Pero no quiero, hermanos, que ignoréis que muchas veces me he propuesto ir a vosotros (pero hasta ahora he sido estorbado), para tener también entre vosotros algún fruto, como entre los demás gentiles. 14 A griegos y a no griegos, a sabios y a no sabios soy deudor. 15 Así que, en cuanto a mí, pronto estoy a anunciaros el evangelio también a vosotros que estáis en Roma".*

¿Quién estorbó a Pablo? En estos versículos hace la anotación: *"pero hasta ahora he sido estorbado..."*. El idioma original da la idea de "detener, impedir, prohibir o refrenar", ¿Sería el mismo Espíritu Santo que le impidió ir a Asia a predicar la palabra de Dios y luego le abrió puertas para Macedonia? En realidad, el texto no sugiere una respuesta certera, lo que si es cierto es la intencionalidad de Pablo de ser siempre de bendición a la iglesia. Debe decirse que su ministerio siempre fue intencional. Invariablemente existía en él, ese rasgo de compartir, de dar y de edificar. Por eso les dice a sus recipientes romanos y por extensión a todos, que su ministerio no tiene cortapisas, ni raciales ni intelectuales.

Se puede entender que su trabajo era universal, abarcaba a todo tipo de razas y de estatus sociales. Cuando Pablo acepta que es deudor con todos en su deber de predicar el evangelio, se está declarando – de acuerdo al idioma original-, como un delincuente, moralmente transgresor contra Dios, una persona culpable y un sujeto obligado para tal tarea, la de predicar el evangelio de Jesucristo a todo tipo de personas. Una enseñanza siempre viva para los ministros e iglesias del siglo XXI.

El poder del evangelio (Rom 1:16,17)

1:16 *"Porque no me avergüenzo del evangelio, porque es poder de Dios para salvación a todo aquel que cree; al judío, primeramente, y también al griego".*

Cuando Pablo dice *"no me avergüenzo del evangelio porque es poder de Dios..."* lo expresa con conocimiento de causa; a estas alturas Pablo ya conocía el poder que había en la Palabra de Dios, pues había visto su efecto en tantos lugares, destacando lo ocurrido en la cosmopolita ciudad de Éfeso, según se narra en Hechos 19, en donde por las poderosas manifestaciones del poder de Dios, la Obra creció y se extendió maravillosamente.

Nota doctrinal: La palabra que escoge Pablo para "poder de Dios", es δύναμις, *dunamis*, (da origen al vocablo dinamita) la cual significa fuerza, poder milagroso, eficacia, maravilla, potencia y potestad. Este poder milagroso no es *milagrería* barata, tiene un propósito: "la salvación a todo aquel que cree". Esta salvación es el buen mensaje que incluye la liberación, la libertad y la salud y así se traduce del original σωτηρία, sotería, que da origen al término teológico, "Soteriología" o Doctrina de la salvación.

1:17 *"Porque en el evangelio la justicia de Dios se revela por fe y para fe, como está escrito: Mas el justo por la fe vivirá".*

Nota histórica: Romanos 1:17 es el texto que impactó a Martín Lutero y le llevó a iniciar la "reforma protestante" en 1517. Es importante mencionar que el profeta Oseas lo escribió 600 años antes de Cristo, por lo que se le llama coloquialmente "el abuelo de la Reforma". Pablo, por el Espíritu Santo al citarlo en su carta a los Romanos, se torna en "el padre de la Reforma" y Martín Lutero al usarlo 1500 años después cuando inicia el gran movimiento que transformó el mundo, se le llama "el ejecutor de la Reforma". Maravillosas cadenas que el Señor hace en su Omnisciencia.

El apóstol Pablo lo usa también en Gálatas 3:11 y el escritor de Hebreos en el 10:38. Los tres textos tienen el mismo sentido repitiendo lo dicho por el profeta Habacuc: *"He aquí que aquel cuya alma no es recta, se enorgullece; mas el justo por su fe vivirá".* (Hab 2:4) ¿Cómo pudo Pablo encontrar este texto de una sola línea en todo el Antiguo Testamento y aplicarlo de forma poderosa a la salvación por fe, no dependiendo de la ley? Debe decirse que una gran parte de la teología paulina se fundamenta en el Antiguo Testamento. Pablo por la inspiración maravillosa del Espíritu Santo citó textos y pasajes de la ley o los profetas y se convirtió por su obediencia en un excelente exégeta, desglosando y explicando cada texto citado.

NOTA DOCTRINAL SOBRE LA JUSTIFICACION POR LA FE

La Justificación ha sido definida como *"el acto de Dios por el cual, Él declara justo a todo aquel que cree en Cristo plenamente".* Es decir, no se está diciendo que el pecador sea justo, sino que es declarado justo, basándose en su fe en el sacrificio del Señor Jesucristo. (Fundam. de Teología Pentecostal, "Foursquare Media" "Iglesia Cuadrangular"Pags.241,242)

Algunos otros textos escritos por Pablo, que respaldan a Romanos 1:17 :

- Romanos 3:24: "Siendo justificados gratuitamente por su gracia mediante la redención que es en Cristo Jesús". (Lutero escribió al margen de su Biblia, que la porción de Romanos 3:21-26 era el pasaje más importante del libro)

- Romanos 4: 3: "Creyó Abraham a Dios, y le fue contada por justicia".

- Romanos 5:1: "Justificados, pues, por la fe, tenemos paz para con Dios por medio de nuestro Señor Jesucristo".

Cuando Dios justifica al pecador que confía en la gracia salvadora de Jesucristo, toda evidencia de su pecado y culpa se borra completamente. (Jer 50:20; Heb 10:16,17). La única cosa, que se dice que Dios olvida, son los pecados del que confía en su gratuita salvación. Por lo tanto, Dios no ve a los creyentes como pecadores perdonados, sino como personas que nunca hubieran pecado. (Ro 6:23; 8:21)

Muchos se han preguntado, dice Wayne Grudem, en su *Doctrina Bíblica* (Ed Vida 2005, Miami FL Pags. 315-325), -¿Por qué Dios escogió La fe para que recibamos la justificación y no una actitud sincera de amor, gozo, contentamiento, humildad o sabiduría?

Porque la fe, contesta: -*es la única actitud del corazón que es exactamente lo opuesto de depender de nosotros mismos*. Cuando vamos a Cristo por fe, esencialmente decimos:-"*me rindo*" -"*ya no voy a depender de mí mismo, ni de mis buenas obras*".

En Efesios 2:8,9 se expresa perfectamente la voluntad de Dios: "*porque por gracias sois salvos por medio de la fe; y esto no de vosotros, pues es don de Dios; no por obras para que nadie se gloríe*". Aun cuando una persona dijere que tiene más fe. Es decir, se puede tener más fe para ser sanos o para recibir un milagro, pero no para ser salvos. Ese regalo viene totalmente igual para todos.

Por esta razón, **Martín Lutero y los demás reformadores** insistieron en que la justificación viene por la gracia sola, no por gracia más méritos de parte nuestra.

La culpabilidad del hombre (Rom 1:18-32)

1:18-20 "Porque la ira de Dios se revela desde el cielo contra toda impiedad e injusticia de los hombres que detienen con injusticia la verdad; 19 porque lo que de Dios se conoce les es manifiesto, pues Dios se lo manifestó. 20 Porque las cosas invisibles de Él, su eterno poder y deidad, se hacen claramente visibles desde la creación del mundo, siendo entendidas por medio de las cosas hechas, de modo que no tienen excusa".

Esta ira de Dios se caracteriza como una pasión violenta y un aborrecimiento justificable que implica un castigo, pues no es cosa menor. Y esta ira de Dios se revela (ἀποκαλύπτω apokalúpto), se descubre o se manifiesta desde el cielo o sea desde la morada de Dios, contra toda perversidad, impiedad, injusticia maldad y agravio, porque el creador de todas las cosas está atento siempre a toda actividad humana, escudriñando los corazones de los hombres.

Nota doctrinal: *"las cosas invisibles de Él, su eterno poder y deidad, se hacen claramente visibles desde la creación del mundo".* Este texto de Romanos es una declaración sobre los atributos de Dios: "Su eterno poder", dicho en términos teológicos es su Omnipotencia. El cual, junto a su Omnisciencia, Omnipresencia, Existencia propia, Inmutabilidad, Eternidad y Soberanía, constituyen los atributos únicos o exclusivos de la bendita Deidad.

Estos atributos propios del eterno Dios, el hombre los ha percibido siempre en la creación con todo lo que existe a su alrededor. Lo que da origen a que la teología especifique las 3 formas como Dios se ha revelado:

- Por una revelación general, encontrada en "los cielos y la tierra".

- Por una revelación especial, a través de las Sagradas Escrituras.

- Por la revelación única, a través de su hijo Jesús.

Para meditar: Muchas personas que han llegado a ser creyentes en el pasado y en el tiempo presente, son ejemplo de cómo la revelación general o natural, les ha llevado al Señor. Las iglesias escuchan cada semana los testimonios de quienes se han convertido cuando Dios les habló por medios insólitos. La Biblia narra el caso del eunuco etíope y de Cornelio el centurión romano (Hechos 8:26-39; 10:1-48) en donde Dios facilitó medios increíbles para que vinieran a su conocimiento. Pablo en su discurso en Atenas, recuerda de que el Señor no está lejos (Hch 17:27).

1:21-23 "Pues habiendo conocido a Dios, no le glorificaron como a Dios, ni le dieron gracias, sino que se envanecieron en sus razonamientos, y su necio corazón fue entenebrecido. ²² Profesando ser sabios, se hicieron necios, ²³ y cambiaron la gloria del Dios incorruptible en semejanza de imagen de hombre corruptible, de aves, de cuadrúpedos y de reptiles".

Así pues, Dios nunca se ha quedado sin testimonio, Él mismo se ha encargado de darse a conocer, de ponerse en evidencia, de presentarse ante el hombre, de demostrar su amor y de descubrir su corazón y su permanente propósito de salvación.

La palabra de Dios es enfática, no hay excusa para no buscar a Dios con el corazón, no existen pretextos para no acercarse a Él y conocerle de manera personal. Pablo explicaría de forma contundente esta cercanía de Dios con el hombre, y del hombre con Dios en Romanos 10:8-11.

Por dichas razones, cuando la palabra de Dios dice que *"se envanecieron en sus razonamientos"* está desnudando las intenciones del corazón, ya que interpreta de cómo las personas llegan a ser moralmente perversas, específicamente idólatras y con razonamientos proclives a la discusión, al debate y a la contienda. Por consiguiente, se puede entender por qué el hombre es como es; su materia prima está dañada, de tal forma que no solo la voluntad del hombre esta caída, sino también su intelecto. Con cuánta razón Isaías 1:6 hizo la siguiente declaración: *"Desde la planta del pie hasta la cabeza no hay en él cosa sana, sino herida, hinchazón y podrida llaga; no están curadas, ni vendadas, ni suavizadas con aceite".*

En síntesis, ¿Por qué el hombre se considera ser sabio? *"Profesando ser sabios, se hicieron necios, ..."*, sabios, del griego σοφός sofós. Eran notables los sofistas griegos, quienes "enseñaban sabiduría" y fueron los primeros intelectuales en recibir un pago monetario por su saber.

La necedad de la que Pablo habla aquí tiene que ver con hacerse insípido, ser un simplón, enloquecerse, desvanecerse. Así que, una vez más, la categoría humana llamada sabiduría, que el hombre sin el conocimiento de Dios dice tener, deviene a ser una persona que no tiene el sustento intelectual y espiritual para presentarse delante de Dios con la sabiduría que pueda hacerle aceptable.

Definitivamente, el corazón del hombre esta entenebrecido, aquí la palabra corazón significa los pensamientos, los sentimientos y la mente que se ha oscurecido. Desde la caída en el huerto del Edén, la trayectoria del hombre ha sido una constante debacle, cambiando siempre la gloria de Dios, lo honroso de Dios, lo incorruptible e inmortal de Dios, por lo podrido y perecedero de la creación.

1:24,25 *"Por lo cual también Dios los entregó a la inmundicia, en las concupiscencias de sus corazones, de modo que deshonraron entre sí sus propios cuerpos, ²⁵ ya que cambiaron la verdad de Dios por la mentira, honrando y dando culto a las criaturas antes que al Creador, el cual es bendito por los siglos. Amén".*

Nota de carácter ético: En los tiempos posmodernos no hay reglas fijas y casi todo es aceptable. No existen asideros y sí muchas vertientes de las cuales la sociedad hace valer sus derechos; las mismas son el paraguas donde se amparan la mayoría de los gustos y preferencias sexuales. Por esta razón es importante analizar este pasaje bajo la premisa de buscar la intención del escritor Pablo con sus lectores originales y la debida interpretación del griego, que fue el idioma que se usó para escribir tan importantes verdades.

Por consiguiente, cuando el Espíritu Santo a través de Pablo dice que "Dios los entregó a la inmundicia" está declarando la impureza física o moral del individuo, "en las concupiscencias de sus corazones, ..." la concupiscencia es el deseo, la pasión y la codicia por lo prohibido. Pablo va discurriendo, desnudando la perversidad del corazón del hombre, por eso escoge puntualmente las palabras exactas para describir el proceso de la desviación que la raza humana ha estado viviendo bajo su libre voluntad.

De ahí que, deshonrar entre sí sus propios cuerpos, tiene que ver con hacerlo infame, tener desdén por él o maltratarlo. Al cambiar la verdad de Dios por la mentira, -ψεῦδος pseúdos, en griego- el hombre escoge la falsedad y desecha la veracidad de la divinidad suprema. La prioridad del hombre caído no es darle honra al Creador, y al no hacerlo muestra su desprecio al que es bendito por los siglos.

1:26,27 *"Por esto Dios los entregó a pasiones vergonzosas; pues aun sus mujeres cambiaron el uso natural por el que es contra naturaleza, ²⁷ y de igual modo también los hombres, dejando el uso natural de la mujer, se encendieron en su lascivia unos con otros, cometiendo hechos vergonzosos hombres con hombres, y recibiendo en sí mismos la retribución debida a su extravío".*

Para meditar: Por segunda ocasión en este capítulo se menciona la acción de Dios de "los entregó a...", lo cual es una decisión de Dios de ceder y de exponer a las personas que empecinadas en su vida egoísta practican este tipo de pasiones vergonzosas. Este tipo de pasiones del griego πάθος pádsos que implica sufrimiento, pasión (específicamente concupiscencia) y una vida desordenada, así pues, la palabra vergonzosos del griego ἀτιμία atimía, significa infamia, indignidad, desgracia, vergüenza vil y deshonra.

Basándose en la anterior interpretación del idioma original en el que fue escrito el Nuevo Testamento, se puede entender la crudeza de las palabras escogidas por el apóstol Pablo para describir las prácticas sexuales que ya en el primer siglo enajenaban la sociedades griegas y romanas.

Nota sociológica: *"sus mujeres cambiaron el uso natural por el que es contra naturaleza, y de igual modo también los hombres, dejando el uso natural de la mujer",* cuando Pablo alude al "uso natural" está hablando de anatomía pura. Por implicación se interpreta el uso físico del cuerpo y se da por entendido que se refiere a relaciones sexuales entre personas del mismo sexo. En los tiempos antiguos el nombre que se le daba a esta práctica era el de sodomía; en el siglo XX ya se le llamó homosexualidad y actualmente se usa el acrónimo LGBTQ (más otras letras) para señalar a lesbianas, gays, bisexuales, trasgéneros etc. que abrumadoramente han salido "del closet" en donde se ocultaban por mucho tiempo, pero ahora llenan las calles y utilizan todos los medios para hacerse visibles. Comprueban con creces lo dicho en la ley y ratificado por Pablo, teniendo en poco toda prohibición y condenación del Señor (Lv 18:22; 1 Co 6: 9,10, Efesios 4: 17-19).

Ciertamente, el Espíritu Santo a través de Pablo está mostrando que tanto hombres como mujeres, "...se encendieron en su lascivia unos con otros," o sea se inflamaron (ἐκκαίω ekkaío) profundamente en la excitación de su mente, que es lo que quiere decir lascivia y "recibiendo en sí mismos la retribución debida a su extravío". La palabra de Dios describe que existe "una recompensa" para tales actos extraviados. De acuerdo con los Centros de Control de Enfermedades en EE.UU, casi 20 millones de nuevas enfermedades de trasmisión sexual ocurren cada año, nada más en este país. (N.Heraldo de Brownsville, TX. 29 de Septiembre, 2018)

Nota doctrinal: ¿Por qué el hombre escoge el mal y no preferentemente el bien? Este capítulo es crucial para entender la naturaleza caída del hombre. Al escribir Pablo con tanta vehemencia sobre el proceder del hombre con su propio cuerpo, de cómo lo usa y para que lo usa, es porque, ya existían esas desviaciones sexuales, en su tiempo y mucho antes (Génesis 19 y Jueces 19 muestran casos ejemplares). Los organismos de salud internacionales no están de acuerdo con que se llame desviaciones a todo lo que dice este capítulo de Romanos, sin embargo, en el consenso evangélico pentecostal mundial se sigue afirmando que la conducta homosexual es pecado, porque desobedece las enseñanzas de las Sagradas Escrituras y como lo afirma también Pablo "la paga del pecado es muerte (Ro 3:23 y 1Co 6: 9,10).

1:28-32 *"Y como ellos no aprobaron tener en cuenta a Dios, Dios los entregó a una mente reprobada, para hacer cosas que no convienen; 29 estando atestados de toda injusticia, fornicación, perversidad, avaricia, maldad; llenos de envidia, homicidios, contiendas, engaños y malignidades; 30 murmuradores, detractores, aborrecedores de Dios, injuriosos, soberbios, altivos, inventores de males, desobedientes a los padres, 31 necios, desleales, sin afecto natural, implacables, sin misericordia; 32 quienes habiendo entendido el juicio de Dios, que los que practican tales cosas son dignos de muerte, no sólo las hacen, sino que también se complacen con los que las practican".*

Nota histórica: Con este pasaje Pablo está concluyendo su capítulo introductorio de la epístola a los Romanos. El apóstol se está dirigiendo a un pueblo que no carecía de religión, puesto que existía una vasta oferta de cultos, desde la religión oficial de Roma que formaba parte de la estructura política del Estado, en donde el mismo emperador era considerado pontifex maximus, formando una extraña simbiosis entre el oficio de emperador y el de sumo sacerdote, lo que derivaba en una religión de Estado con un culto al emperador. (siglos después continuaría con el papado romano)

A este propósito, el judaísmo fue tolerado para beneficio político de los romanos, como lo hicieron con otras religiones. Compromisos de ayuda mutua y un buen entendimiento entre los líderes religiosos de los tiempos de Jesús y de Pablo, hasta que sucedió la devastación de Jerusalén en el año 70 d.C. y fueron esparcidos.

El cristianismo, fue tolerado por el gobierno romano, pues ciertamente era considerado subversivo, pero no peligroso. Su culto se permitía debido al avance político y democrático del cual el imperio romano se jactaba. Incluso, se puede pensar que no sólo fuera tolerado el cristianismo, sino ignorado; salvo cuando ocurrían "desórdenes sociales" con la presencia de los cristianos en las ciudades donde el ministerio itinerante comandado por Pablo y los apóstoles se manifestaba. Por supuesto, por la confrontación espiritual que casi siempre se daba ante la predicación llena del Espíritu Santo.

Cuando Pablo expresa: "... *estando atestados*" *de toda injusticia*..." pone un énfasis inequívoco en la palabra injusticia y luego una cruenta lista de malignidades: la palabra fornicación del original πονηρία (ponería) que implica depravación, malicia y perversidad. Y así sucesivamente una lista de adjetivos, perversidad, (malicia) avaricia (fraude, extorsión), maldad (malicia, malo); llenos de envidia (mala voluntad, detracción, celos), homicidios (asesinato, muerte), contiendas (peleas, lucha, pleitos), engaños (trucos, asechanza, mentira) y malignidades (mal carácter, abusos); murmuradores, (parlanchines en contra, difamadores), detractores, (que odian a Dios, impíos) aborrecedores de Dios, (insultador, maltratador), injuriosos (vagos, jactanciosos, fanfarrón), soberbios, altivos, inventores de males (indignos, sin valor, depravados, pestilentes). ¡Vaya radiografía de la sociedad romana del primer siglo!

Finalmente, Pablo pone el cerrojo a este capítulo declarando que, *"quienes, habiendo entendido el juicio de Dios, que los que practican tales cosas son dignos de muerte, no sólo las hacen, sino que también se complacen con los que las practican".* La palabra "practican" tiene su origen en πράσσω prásso, el cual es un verbo primario que significa practicar, igual a desempeñar repetida o habitualmente. No se refiere pues, a un acto aislado sino a una costumbre o a un estilo de vida.

Para meditar: ¿Tendrá vigencia la palabra de Dios? ¿seguirá siendo aplicable en los tiempos actuales? Hoy como ayer, las sagradas Escrituras siguen siendo el manual de vida por excelencia y continúan fijando los parámetros para un estilo de vida saludable, de forma integral, en espíritu, alma y cuerpo.

Es posible que habrá personas, incluso creyentes, que lucharán con alguna inclinación sexual y homosexual, pero la promesa está dada por el mismo Señor Jesucristo en Juan 8:32,36 y 1 Co 6:11 *"y conoceréis la verdad, y la verdad os hará libres... Así que, si el Hijo os libertare, seréis verdaderamente libres".* La promesa para los que luchan y vencen Pablo la menciona en 1 Corintios 6:19: *"¿O ignoráis que vuestro cuerpo es templo del Espíritu Santo, el cual está en vosotros, el cual tenéis de Dios, y que no sois vuestros?".*

ROMANOS

CAPÍTULO 2

El justo juicio de Dios (Ro 2:1-16)

2:1 "Por lo cual eres inexcusable, oh hombre, quienquiera que seas tú que juzgas; pues en lo que juzgas a otro, te condenas a ti mismo; porque tú que juzgas haces lo mismo".

Continuando con la línea de pensamiento del capítulo anterior, Pablo introduce el elemento explicativo: "Por lo cual...", mismo que usa como conector para seguir el discurso del capítulo.

Así pues, toda la narrativa del capítulo que precede, Pablo lo relaciona con el tipo de hombre que, no importando su condición es totalmente inexcusable, en otras palabras, es indefendible.

Luego, ¿cuál es el resultado de este juicio? Pues el mismo que se aplica a la otra persona: "se condena a sí mismo", o sea hay un auto condena en el juicio hecho a otra persona. Más aun, cuando Pablo dice: "porque tú que juzgas haces lo mismo". En otras palabras, estar acostumbrado a hacer algo repetitivamente, o de forma habitual.

2:2 "Mas sabemos que el juicio de Dios contra los que practican tales cosas es según verdad".

Nota sociológica: El juicio de Dios es una verdad espiritual reconocida por todas las confesiones cristianas. En las postrimerías del siglo XX y los inicios del siglo XXI se ha hablado mucho de la post-verdad, la cual de acuerdo a la Real Academia Española se describe "como una distorsión deliberada de la realidad, que manipula creencias y emociones con el fin de influir en la opinión pública y en actitudes sociales".

Bien, bajo esta distorsión de la realidad manipuladora, ellos dicen que un Dios que enjuicia es falto de amor y de misericordia. Ciertamente se puede recordar el gran amor de Dios por toda la raza humana en Juan 3:16: *"Porque de tal manera amó Dios al mundo, que ha dado a su Hijo unigénito, para que todo aquel que en él cree, no se pierda, mas tenga vida eterna".* Desde luego que no todos aceptan ese amor y sí, tratan de vivir al extremo de la libertad que cada individuo tiene, justificándose siempre con sus convicciones, como declara la Palabra *"...porque no es de todos la fe".* (2 Ts 3:2).

La teología no se desplaza sola, junto a ella siempre estarán los cambios culturales, los cuales en las últimas décadas han tenido una marcada aceleración con el uso de los medios de comunicación de masas que incluyen las redes sociales con tantas variantes. Éstas últimas, han funcionado como replicadoras de distintos comportamientos, las cuales, de acuerdo con la teoría del aprendizaje social, hace que las personas aprendan a través de la observación y la imitación de la conducta de los modelos conductuales y no requieren necesariamente la existencia de un estado de frustración previa. Según esta visión, una conducta agresiva no necesariamente es del tipo innato ni existirían estímulos específicos desencadenantes, sino que serían el resultado de procesos de aprendizaje. Esto aplica por supuesto a las prácticas sexuales y la ideología de género, traducida ya en los últimos años en un verdadero alud de caracterizaciones, los cuales suman más de 120 géneros distintos, todos asumidos desde la perspectiva de los sentimientos y de las emociones.

Ciertamente, la respuesta sigue siendo contundente, válida y contemporánea para este tipo de prácticas: *"Mas sabemos que el juicio de Dios contra los que practican tales cosas es según verdad"*, escribió el Apóstol hace dos mil años. Las diferentes culturas seguirán cambiando, respaldándose en su validez social; pero los principios bíblicos también mantendrán su inalterabilidad, toda vez que sobre la horizontalidad cultural permea la verticalidad de la Palabra de Dios.

2:3-4 *"¿Y piensas esto, oh hombre, tú que juzgas a los que tal hacen, y haces lo mismo, que tú escaparás del juicio de Dios?* ⁴ *¿O menosprecias las riquezas de su benignidad, paciencia y longanimidad, ignorando que su benignidad te guía al arrepentimiento?"*

La palabra "piensas" tiene la connotación de hacer un inventario mental. En ese pensamiento el "tal hombre", juzga o resuelve condenar -mental o judicialmente- y se erige como juez. Pero si juzga y al mismo tiempo practica lo que juzga, entonces, según esta palabra, no podrá huir del juicio de Dios. Es la sentencia del máximo magistrado celestial: Jehová de los ejércitos.

Lo anterior va en línea con el pensamiento paulino de Gálatas 6:1, donde se previene al creyente para que, si sorprende a alguien en una falta, que primero se considere a sí mismo, no sea que también sea tentado en lo mismo. No se puede ni se debe desestimar la máxima bondad de Dios, como lo describen esos versículos. Dios tiene gran paciencia para con la raza humana. En su paciencia, Dios extiende su longanimidad y tiene clemencia; con el propósito de conducir al creyente a una compunción, una aflicción que produzca tristeza y arrepentimiento y desde luego a los pecadores para que se arrepientan.

Nota doctrinal: teológicamente se considera que las tres palabras mencionadas: benignidad, paciencia y longanimidad, describen lo que se llama "la gracia común de Dios", es decir su manera de demostrar su gracia a toda la humanidad (cp. Job 12:10, Sal 119:68; Sal 145:9).

Así pues, existe un justo equilibrio entre el juicio de Dios descrito en estos dos versículos y su benignidad, paciencia y longanimidad; entonces no se puede acusar a Dios de ser injusto e inmisericorde. La excelsa bondad de Dios lleva al arrepentimiento.

2:5 *"Pero por tu dureza y por tu corazón no arrepentido, atesoras para ti mismo ira para el día de la ira y de la revelación del justo juicio de Dios".*

La dureza de la que habla este versículo en el original griego, da la idea de encallecimiento, de una obstinación. La palabra "atesoras" puede parecer un contrasentido, porque normalmente se usa para describir un tesoro bueno, pero esta aparente inconsistencia, describe el cómo una persona obstinada puede ir acumulando la ira de Dios en su contra para aquel día cuando cada persona será presentada para la justa sentencia que ha de recibir.

2:6-11 *"el cual pagará a cada uno conforme a sus obras: 7 vida eterna a los que, perseverando en bien hacer, buscan gloria y honra e inmortalidad, 8 pero ira y enojo a los que son contenciosos y no obedecen a la verdad, sino que obedecen a la injusticia; 9 tribulación y angustia sobre todo ser humano que hace lo malo, el judío primeramente y también el griego, 10 pero gloria y honra y paz a todo el que hace lo bueno, al judío primeramente y también al griego; 11 porque no hay acepción de personas para con Dios".*

He aquí la conclusión en esta primera parte del capítulo. Dios mismo se encargará de retribuir, de recompensar a cada persona acorde a como sea su proceder en su vida terrenal. La primera opción de Dios siempre es y será de bendición, por eso dice: *"vida eterna a los que, perseverando en bien hacer, buscan gloria y honra e inmortalidad",* esta vida eterna, es la vida zoé, la cual es la única vida que no es terrenal, es celestial y solo Dios la produce en los cielos. Los otros dos tipos de vida: la vida psiquis y la vida bios, son humanas y se refieren a la vida mental y física, respectivamente.

Perseverar en bien hacer, habla de una resistencia con esperanza para buscar como un estilo de vida la bendición de Dios, de parte de Aquel que solo quiere lo bueno para la raza humana. La palabra inmortalidad tiene el sentido de incorruptibilidad o sea una existencia interminable. Estas son las promesas de Dios para todo aquel que insista y persista en una vida de consagración. Que persevere en el bien hacer.

Por el contrario, la retribución a los que contienden–a los que están fuera de lugar- y a los que practican la injusticia. Sobre ellos el enojo de parte de Dios. El original griego usa palabras muy fuertes; la ira tiene la connotación de una excitación de la mente y por consecuencia, pasión violenta, ira o aborrecimiento y por implicación castigo. Así pues, el enojo se interpreta como algo que lleva pasión y furor, lo cual da la idea de la respuesta de Dios a las acciones del hombre que trasgrede sus mandatos. En este sentido, es bueno recordar que cada palabra escrita del Nuevo Testamento fue escogida por los autores bajo la inspiración del Espíritu Santo, de tal forma que no quedara duda de la intención del Dios para dar una instrucción o enseñanza.

Asimismo, la tribulación y angustia prometida en el versículo nueve, es aquella que comprende una estrechez y una aflicción, así como una calamidad destinada tanto a judíos como a griegos; esto no incluye solo a los helenos, sino a cualquier persona que no es de nacionalidad judía. En concordancia, es justo reconocer que, tanto a las personas que practican la maldad como a los que están dedicados a trabajar por el bien, recibirán su justa retribución. La razón para lo anterior es sencilla, para Dios no hay prosopolepsía (προσωποληψία) o sea favoritismo o parcialidad. Las decisiones que toma son universales y equitativas, sin importar cuáles sean las reacciones humanas. ¿El ser humano practica la maldad?, habrá consecuencias o ¿trabaja por el bien?: Desde luego que habrá recompensas.

2:12-16 *"Porque todos los que sin ley han pecado, sin ley también perecerán; y todos los que bajo la ley han pecado, por la ley serán juzgados;* [13] *porque no son los oidores de la ley los justos ante Dios, sino los hacedores de la ley serán justificados.* [14] *Porque cuando los gentiles que no tienen ley, hacen por naturaleza lo que es de la ley, éstos, aunque no tengan ley, son ley para sí mismos,* [15] *mostrando la obra de la ley escrita en sus corazones, dando testimonio su conciencia, y acusándoles o defendiéndoles sus razonamientos,* [16] *en el día en que Dios juzgará por Jesucristo los secretos de los hombres, conforme a mi evangelio".*

Textos controversiales

He aquí uno de los pasajes que algunas confesiones interpretan de diferentes maneras. La confusión nace porque Pablo introduce el término "ley", pero ¿a cuál ley se refiere? Cuando Pablo menciona a "los sin ley", en el original es anómos (ἀνόμως) de donde proviene la palabra anomía en español. En términos sociológicos significa «ausencia de», y νόμος / nómos «ley, orden, estructura» o sea la falta de normas.

Tanto la ley judía como el evangelio contienen preceptos que se tienen que cumplir. La ley judía contiene aquellos mandamientos dados directamente por Jehová en el Monte Sinaí a Moisés en su primera edición a través de los Diez Mandamientos (Éxodo 20:1-17) y posteriormente en las diferentes etapas de la vida del pueblo de Israel, mencionadas en los cinco primeros libros del Antiguo Testamento. Los evangelios y todas las cartas apostólicas contienen indicaciones precisas de lo que Dios espera de todos los seres humanos.

Se tiene que reconocer que cada individuo tiene en su fuero interior una "balanza interna" que le permite discernir entre lo bueno y lo malo. Pablo pone de relieve la esencia del asunto, porque a final de cuentas y como trabaja el tema de la fe y del evangelio en toda esta epístola, el Dios sabio será el juez: *"... en el día en que Dios juzgará por Jesucristo los secretos de los hombres, conforme a mi evangelio".*

"Porque todos los que sin ley han pecado, sin ley también perecerán" (2:12) y los textos que le siguen muestran que los gentiles que nunca tuvieron la oportunidad de conocer la ley moral de Dios (Éxodo 20) serán juzgados por su desobediencia, en proporción

directa a su conocimiento limitado " *¹⁵mostrando la obra de la ley escrita en sus corazones, dando testimonio su conciencia, y acusándoles o defendiéndoles sus razonamientos".* Ya en Romanos 1:19 Pablo había declarado que *"lo que de Dios se conoce les es manifiesto, pues Dios se lo manifestó".* Es decir que Dios en su soberanía ha plantado evidencias de su existencia en la misma naturaleza del hombre a través de la razón y la ley moral (1:20,21,28,32 y 2:15).

Es decir, la creación ha mostrado a todos los hombres de todos los tiempos–cultos o ignorantes- un fuerte mensaje sobre la naturaleza de Dios, en particular su fidelidad, bondad y gracia. (Gn 8:21,22 habla de la bondad del Señor, después de la destrucción del diluvio; Hch 14:17 lo corrobora).

Nota Doctrinal

¿Cómo juzgará Dios a las personas que nunca escucharon de las buenas nuevas ofrecidas por el evangelio redentor de Jesús?

La epístola a los Romanos tiene la respuesta en los capítulos 1 y 2. Los teólogos categorizan "tres tipos de revelaciones", para el mejor entendimiento de cómo Dios se ha manifestado:

Revelación general: a través de *"las cosas hechas"* en los cielos y en la tierra (Ro 1:19-23). *"Porque las cosas invisibles de él su eterno poder y deidad, se hacen claramente visibles desde la creación del mundo, siendo entendidas por medio de las cosas hechas, de modo que no tienen excusa".* Este versículo muestra dos atributos exclusivos de Dios: *"su eterno poder y deidad". "Pues habiendo conocido a Dios, no le glorificaron como a Dios, ni le dieron gracias, sino que se envanecieron en sus razonamientos y su necio corazón fue entenebrecido"* (1:21). Este versículo muestra que el hombre percibe siempre la existencia de Dios. Salmo 8: 3,4; Salmo 19:1-6; Isaías 6: 3; Rom 2:15.

Revelación específica, a través de las Sagradas Escrituras. Mr 16: 15; Rom 5:13; 2 Ti 3:15,16; 2 P 1:21, 1 P 15:3,4.

Revelación única, a través de su hijo Jesús. Mt 3:17; Mr 16:16; Jn 3:16-18; Hch 1:8; Hch 4:12; Hebreos 1: 1-4.

Los judíos y la ley (Rom 2:17-29)

2:17-24 "He aquí, tú tienes el sobrenombre de judío, y te apoyas en la ley, y te glorías en Dios, 18 y conoces su voluntad, e instruido por la ley apruebas lo mejor, 19 y confías en que eres guía de los ciegos, luz de los que están en tinieblas, 20 instructor de los indoctos, maestro de niños, que tienes en la ley la forma de la ciencia y de la verdad.

21 Tú, pues, que enseñas a otro, ¿no te enseñas a ti mismo? Tú que predicas que no se ha de hurtar, ¿hurtas? 22 Tú que dices que no se ha de adulterar, ¿adulteras? Tú que abominas de los ídolos, ¿cometes sacrilegio? 23 Tú que te jactas de la ley, ¿con infracción de la ley deshonras a Dios? 24 Porque como está escrito, el nombre de Dios es blasfemado entre los gentiles por causa de vosotros".

Sin duda que este fragmento se podría titular el pasaje de las contradicciones. Si bien Pablo se refiere directamente a sus coetáneos, éste aplica perfectamente a todo aquel que profese una religión o doctrina. Pablo alude al hecho conocido por todos, que el judío era por antonomasia el poseedor de la verdad y de una religión casi perfecta. Una doctrina que demandaba un estilo de vida diferente al resto de los demás pueblos. Por eso las preguntas directas y consistentes a sus paisanos: "Tú, pues, que enseñas a otro, ¿no te enseñas a ti mismo?" no hay peor maestro que aquel que cree no necesitar ser enseñado más. Cuando una persona dice tener experiencia en cualquier área de la vida y a la vez se resiste a aprender más, entonces está limitando su crecimiento y da un mal testimonio. Como dijera el gran educador estadounidense Howard G. Hendricks: "Si deja de crecer hoy, dejará de enseñar mañana".

Bien, se puede ver en este pasaje a un judío que se considera a sí mismo como el docto de los ignorantes, *"guía de los ciegos, luz de los que están en tinieblas..."* pero, tiene un grave problema, quiere enseñar a otros sin esperar ser enseñado él mismo. Amonesta que no se debe robar, pero el mismo es un ladrón; predica en contra del adulterio, pero es un adúltero de marca. Condena la idolatría, pero es un perfecto idólatra. Asimismo, sigue diciendo el Apóstol Judío que, *"Tú que te jactas de la ley, ¿con infracción de la ley deshonras a Dios?",* en el original griego la palabra jactancia implica fanfarronear de la misma, hacer alarde o gloriarse.

Para meditar: por consiguiente, lo anterior aplica a toda persona que dice profesar una religión o fe pero que vive en una permanente contradicción. En realidad, es una afrenta a la fe que profesa, una vergüenza a la comunidad que dice representar. No, no se trata de levantar el dedo acusador y flamígero en contra del pueblo judío. Ciertamente en su versión original Pablo los está acusando directamente a ellos, pero se tiene que recordar que la palabra también tiene su aplicación a los oyentes y leyentes de la iglesia de todos los tiempos, incluyendo a los creyentes del siglo XXI.

Los no judíos o sea los gentiles, hablan impíamente del Dios Omnipotente, el nombre del Señor es vilipendiado, es injuriado y calumniado y con la misma tranquilidad se inclinan ante los símbolos llamados sagrados y asisten a ceremonias religiosas de bautismos, bodas y veneración del "santo del pueblo", a veces en completo estado de ebriedad. ¡Cuánta responsabilidad tiene el que dice que es cristiano o discípulo de Cristo, para no caer en situaciones semejantes, que avergüenzan la Obra del Señor!

2:25-29 *"Pues en verdad la circuncisión aprovecha, si guardas la ley; pero si eres transgresor de la ley, tu circuncisión viene a ser incircuncisión.* ²⁶ *Si, pues, el incircunciso guardare las ordenanzas de la ley, ¿no será tenida su incircuncisión como circuncisión?* ²⁷ *Y el que físicamente es incircunciso, pero guarda perfectamente la ley, te condenará a ti, que con la letra de la ley y con la circuncisión eres transgresor de la ley.* ²⁸ *Pues no es judío el que lo es exteriormente, ni es la circuncisión la que se hace exteriormente en la carne;* ²⁹ *sino que es judío el que lo es en lo interior, y la circuncisión es la del corazón, en espíritu, no en letra; la alabanza del cual no viene de los hombres, sino de Dios".*

La pregunta que responde este pasaje es esta: ¿Quién es el verdadero judío? En el contexto del cristianismo: ¿quién es un cristiano de verdad? Es un tema que constantemente está tratando el Antiguo Testamento y el cual estaba profetizado desde tiempos antiguos: *"Os daré corazón nuevo, y pondré espíritu nuevo dentro de vosotros; y quitaré de vuestra carne el corazón de piedra, y os daré un corazón de carne"* (Ezequiel 36:26). El cristiano, más que nadie debe mostrar ese "corazón nuevo, ese espíritu nuevo".

En este contexto, la idea que da la palabra "exteriormente" (φανερός fanerós) es de un ser neutro, de apariencia, que brilla exteriormente, pero carece de sustancia. El Señor Jesucristo lo expresó de otra manera: *"¡Ay de vosotros, escribas y fariseos, hipócritas! porque sois semejantes a sepulcros blanqueados, que, por fuera, a la verdad, se muestran hermosos, más por dentro están llenos de huesos de muertos y de toda inmundicia. Así también vosotros por fuera, a la verdad, os mostráis justos a los hombres, pero por dentro estáis llenos de hipocresía e iniquidad"* (Mateo 23:27-28).

Es entendible pues, que Pablo continúa enfatizando la gran responsabilidad que tenía el pueblo judío por haber sido el primero en la revelación de Dios. Alguien comentó que "a mayor revelación, mayor responsabilidad".

El hecho de que Pablo hace referencia a la circuncisión comprueba la tesis anterior. La autoconfianza en muchas ocasiones lleva a la soberbia, los líderes judíos creían que su religión contenía la única manera correcta de acercarse a Dios.

Pero no se trata solo de formas, sino de mostrar al único camino hacia el cielo. Jesucristo lo enfatizó de la siguiente manera: *"Yo soy el camino, y la verdad, y la vida; nadie viene al Padre, sino por mí"* (Juan 14:6). Por eso Pablo habla de que, *"no es judío el que lo es exteriormente, ni es la circuncisión la que se hace exteriormente en la carne; sino que es judío el que lo es en lo interior, y la circuncisión es la del corazón, en espíritu...".* Aunque el judío se consideraba *"guía de los ciegos, luz de los que están en tinieblas, instructor de los indoctos, maestro de niños (ignorantes), teniendo en la ley la forma de la ciencia y de la verdad"*, Por eso Pablo, una vez más, concluye que se desee "la alabanza que no viene de los hombres, sino de Dios".

ROMANOS

CAPÍTULO 3

Continuación–Los judíos y la ley (Ro 3:1-8)

3:1,2 *"¿Qué ventaja tiene, pues, el judío? ¿o de qué aprovecha la circuncisión? ² Mucho, en todas maneras. Primero, ciertamente, que les ha sido confiada la palabra de Dios".*

En la sección del 2:17 hasta 3:8 Pablo se dirige específicamente al pueblo israelita. El método dialéctico es ocupado por el apóstol para disertar acerca de la jactancia de los judíos y el juicio de Dios. Dicho método consiste en presentar una proposición, una contraproposición y la resolución o resumen de ambas. Pablo ha declarado (proposición) que la verdadera circuncisión es la interna (2:29) de ahí la pregunta: *"¿qué ventaja tiene, pues el pueblo judío? ¿o de qué aprovecha la circuncisión?"* (contraproposición).

En este pasaje Pablo hace una serie de nueve preguntas con respuestas rápidas y precisas para resaltar la fidelidad de Dios y el pecado del hombre:

- ¿Qué ventaja tiene, pues, el judío?;
- ¿O de qué aprovecha la circuncisión?;
- ¿Pues qué, si algunos de ellos han sido incrédulos?;
- ¿Su incredulidad habrá hecho nula la fidelidad de Dios?;
- ¿Qué diremos?;
- ¿Será injusto Dios que da castigo?;
- ¿Cómo juzgaría Dios al mundo?;
- ¿Por qué aún soy juzgado como pecador?;
- ¿Y por qué no decir (como se nos calumnia, y como algunos, cuya condenación es justa, afirma que nosotros decimos) hagamos males para que vengan bienes?

La respuesta que Pablo da a las primeras preguntas (3: 1,2) es que los judíos tienen muchas ventajas pues son los guardianes de la Escritura: *"**Les ha sido confiada la Palabra de Dios**"* (v. 2). Más adelante, en Romanos 9:4,5 el apóstol resalta características muy importantes del pueblo judío: *"son israelitas, de los cuales son la adopción, la gloria, el pacto, la promulgación de la ley, el culto y las promesas; de quienes son los patriarcas, y de los cuales, según la carne, vino Cristo, el cual es Dios sobre todas las cosas, bendito por los siglos. Amén".*

3:3,4 *"¿Pues qué, si algunos de ellos han sido incrédulos? ¿Su incredulidad habrá hecho nula la fidelidad de Dios? 4 De ninguna manera; antes bien sea Dios veraz, y todo hombre mentiroso; como está escrito: Para que seas justificado en tus palabras, y venzas cuando fueres juzgado".*

En cuanto, a si la incredulidad de algunos judíos hace nula la fidelidad de Dios, Pablo responde: *"**De ninguna manera; antes bien sea Dios veraz, y todo hombre mentiroso...**"*

Trae a la memoria la última parte del versículo 4 del Salmo 51 que dice: *"Para que seas reconocido justo en tu palabra, y tenido por puro en tu juicio".* Este salmo 51, escrito por el rey David, se refiere a la pecaminosidad del hombre en contraposición a la fidelidad de Dios. El hombre desobedece a Dios, peca, es incrédulo, y Dios permanece fiel: *"El nunca cambia ni varía como una sombra en movimiento"* (Stg 1:17 NTV)

3:5-8 *"Y si nuestra injusticia hace resaltar la justicia de Dios, ¿qué diremos? ¿Será injusto Dios que da castigo? (Hablo como hombre.) 6 En ninguna manera, de otro modo, ¿Cómo juzgaría Dios al mundo? 7 Pero si por mi mentira la verdad de Dios abundó para su gloria, ¿Por qué aún soy juzgado como pecador? 8 ¿Y por qué no decir (como se nos calumnia, y como algunos, cuya condenación es justa, afirman que nosotros decimos): Hagamos males para que vengan bienes?"*

Pablo da otro rotundo: *"**En ninguna manera**"* (v.6), al explicar que Dios no es injusto al castigar al hombre. Su justicia, la justicia de Dios, le permite ser juez del ser humano y del mundo en general. Su justicia le da autoridad para juzgar.

También aprovecha Pablo para rebatir la calumnia que se había levantado, de que los cristianos enseñaban que *"¡Cuánto más pecamos, mejor"* (Ro 3:8 NTV)! Los que tal decían no entendían la doctrina del perdón de los pecados por la pura gracia de Dios.

No hay justo (Ro 3:9-20)

3:9 *"¿Qué, pues? ¿Somos nosotros mejores que ellos? En ninguna manera; pues ya hemos acusado a judíos y a gentiles, que todos están bajo pecado".*

La versión Nueva Traducción Viviente (NTV) lo dice así: Ahora bien, ¿llegamos a la conclusión de que los judíos somos mejores que los demás? ¡Para nada! Tal como acabamos de demostrar, todos —sean judíos o gentiles— están bajo el poder del pecado [10] como dicen las Escrituras:

A su pregunta, el mismo Pablo contesta con una acusación: moralmente tanto judíos como gentiles han sido culpados de pecado y no se anula la ventaja religiosa o histórica de los judíos.

"Estar bajo pecado" significa estar bajo el poder del pecado, ser pecadores, estar subyugados por el pecado. *"Bajo pecado"* aparece también en Gálatas 3:22: *"La Escritura lo encerró todo bajo pecado a fin de que la promesa, que depende de la fe en Jesucristo, fuese dada a los que creen".* La frase "todo bajo pecado" es más fuerte que "culpables del pecado". La primera está describiendo que se vive en un estado general como "enfermos en cuarentena".

3:10-12 *"Como está escrito: No hay justo, ni aun uno; 11 No hay quien entienda. No hay quien busque a Dios. 12 Todos se desviaron, a una se hicieron inútiles; No hay quien haga lo bueno, no hay ni siquiera uno".*

De los versículos 10 al 18 encontramos una serie de *"no hay's"* y vemos a Dios como juez, médico e historiador.

En el primer caso. Dios como juez, dice: "No hay justo; no hay quien entienda; no hay quien busque a Dios; no hay quien haga lo bueno". El hombre está totalmente apartado de Dios. Por eso, *"todos se desviaron, a una se hicieron inútiles".* La palabra griega *ajeiroo* -inútil, significa literalmente: "dejar inútil" y se usa en relación con la leche que se pudre. La naturaleza humana sin Cristo es algo corrompido y echado a perder. Por sí mismo jamás ha podido justificarse, no hay siquiera un hombre justo (Sal 14:1; 53:1; Job 9:2; Ecl 7:20). La denuncia es mundial: "todos los hombres son pecadores". Así declara el Juez Santo a los hombres: ¡PECADORES!

3:13-16 *"Sepulcro abierto es su garganta; con su lengua engañan. Veneno de áspides hay debajo de sus labios; 14 Su boca está llena de maldición y de amargura. 15 Sus pies se apresuran para derramar sangre; 16 Quebranto y desventura hay en sus caminos".*

Segundo caso: Dios habla como un médico. El doctor empieza a examinar al enfermo por la garganta y la lengua. Estos dos miembros del cuerpo demuestran qué tan grave puede ser una enfermedad. La Escritura dice: *"del corazón salen los malos pensamientos, el asesinato, el adulterio, toda inmoralidad sexual, el robo, la mentira y la calumnia. Esas cosas son las que contaminan. Comer sin lavarse las manos nunca los contaminará"* (Mt 5:16-20). La boca que puede ser manantial de vida, según Proverbios 10:11: *"Manantial de vida es la boca del justo"* también puede segregar veneno y amargura. Muerte, engaño, maldición y amargura es lo que existe en ese cuerpo. Tan grave está, que hasta los pies son ligeros para cometer homicidios. Esos pies, que podrían andar humildemente por los caminos de Dios, corren apresurados para cometer asesinatos, que tan solo traen desventura y desgracia.

3:17,18 *"y no conocieron camino de paz. ¹⁸ No hay temor de Dios delante de sus ojos".*

Tercer caso: Pablo presenta a Dios como el conocedor de la historia del hombre caído (vv. 16-18). Ya se dijo en el versículo anterior que los caminos del hombre son "quebranto, desventura". Ahora se agrega: "y sin paz". El ser humano puede decir que está mejorando, superándose y progresando; pudiera ser, pero sus caminos son torcidos.

Todo esto debido a que **"no hay temor de Dios delante de sus ojos"**. Ésta es la razón de la condición en la que se encuentra la humanidad: Dios no significa nada para ellos. Cuando el hombre fue creado tuvo la revelación de Dios (Ro 1:20) y le conoció, pero no quiso andar en sus sendas. Se alejó de Él, se envaneció en su corazón y por consecuencia su entendimiento se encuentra en tinieblas hasta el día de hoy. Desafortunadamente, cada día el hombre se aleja más y más de Dios, su Creador. Cada día tiene menos "temor de Dios".

¿Qué es temer a Dios? William R. Newell expresa atinadamente: "Es tener un sentido apropiado de la majestad, santidad, justicia y bondad de Dios, de tal manera que nos haga completamente temerosos de ofenderle; porque cada uno de esos atributos de Dios es suficiente para suscitar en cada mente humana el debido temor". Faltando este sano temor la vida gira sobre el eje desperdigado del egocentrismo, con desastrosos resultados para la vida moral, psicológica, social y física.

3:19,20 *"Pero sabemos que todo lo que la ley dice, lo dice a los que están bajo la ley, para que toda boca se cierre y todo el mundo quede bajo el juicio de Dios; ²⁰ ya que por las obras de la ley ningún ser humano será justificado delante de Él; porque por medio de la ley es el conocimiento del pecado".*

Pablo dirige a los judíos su acusación: *"los que están bajo la ley"*. Lo hace para que comprendan que ellos, tanto como los gentiles, son responsables ante Dios. Ambos estaban sin excusa delante del Señor (1:20; 2:1). Aún ellos, los moralmente privilegiados por tener la luz de una ética perfecta promulgada con autoridad divina, son reos de pecado. Se sobre entiende el argumento *a priori* que, si éstos están condenados, mucho más los hombres "sin ley".

"Con el fin de que toda boca se cierre" frase que deja a todos los hombres, tanto judíos como gentiles, sin poder excusarse ante Dios. La raza humana se caracteriza por estar siempre hablando de sus propias virtudes o de la maldad de los demás. Jesús contó la parábola del fariseo y publicano, en la cual el fariseo *"oraba consigo mismo de esta* *manera: Dios te doy gracias porque no soy como los otros hombres, ladrones, injustos, adúlteros, ni aún como este publicano; ayuno dos veces a la semana, doy diezmos de todo lo que gano".* (Lucas 18:10-13)

Pero Pablo ya ha demostrado que TODOS los seres humanos somos hallados culpables ante el juicio del Dios justo y santo. La ley no fue dada para declarar al hombre justo: ***"ya que por las obras de la ley ningún ser humano será justificado ante Dios"***. Al contrario, ***"la ley solo sirve para que reconozcamos que somos pecadores"*** (TLA). La ley en lugar de salvar, condena al hombre, al demostrar que es incapaz de cumplir con los preceptos santos y divinos que en ella se encuentran. La ley sirve para dar pleno conocimiento (*griego: epignosis*) del pecado, pero no lleva en sí el poder de capacitar al hombre para cumplir con cada mandato que allí se estipula.

Pablo llega a esta parte de su tesis colocando a cada hombre o ser humano como reo digno de muerte ante el alto tribunal de Dios. Las figuras que el apóstol presenta son jurídicas. Dios es el Juez supremo, quién promulgo la Ley, el Decálogo. El hombre, por su naturaleza caída, es trasgresor de la Ley, y está sujeto a sentencia de muerte.

La justicia es por medio de la fe (Rom 3:21-31)

3:21,22ª ***"Pero ahora, aparte de la ley, se ha manifestado la justicia de Dios, testificada por la ley y por los profetas; ²²ª la justicia de Dios por medio de la fe en Jesucristo, para todos los que creen en él"***.

Hemos llegado a una de las grandes secciones de esta Epístola. Aquí se describe la justicia de Dios por medio de la fe en Jesucristo. Pablo va a desarrollar lo que dijo en 1:17 *"Porque en el evangelio la justicia de Dios se revela por fe y para fe, como está escrito: Más el justo por la fe vivirá".*

La primera tarea del apóstol Pablo ha sido llevar a todas las personas a reconocer que se encuentran desvalidos ante el juicio de Dios pues son pecadores, inevitablemente culpables, reos del pecado (1:18-3:20).

Su segunda tarea es revelar como Dios en la cruz se llega a nosotros en justicia (3:21-8:39). Pablo dice: ***"Pero ahora, aparte de la ley"***. Este es el principio de algo celestialmente diferente y accesible a la culpabilidad del ser humano. Esta frase viene a ser más que una expresión retórica, pues no sólo señala la transición del argumento de la condenación del hombre, a la salvación ofrecida por Dios; sino que destaca el cambio de dispensación, ya que la acción disciplinaria de la Ley queda atrás y la obra fundamental de Dios, ordenada desde la eternidad, se revela históricamente en la Persona y Obra de Cristo. Ahora se mostrará plenamente lo que antes había sido una revelación parcial y preliminar.

Como un devoto fariseo, Pablo había creído que podía reconciliarse con Dios guardando los estatutos de la Ley. En Gálatas 1:14 expresa: *"y en el judaísmo aventajaba a muchos contemporáneos en mi nación, siendo mucho más celoso de las tradiciones de mis padres".* Además, en Filipenses 3:6 dice: *en cuanto a celo, perseguidor de la iglesia; en cuanto a la justicia que es en la ley, irreprensible".* Allí mismo en Filipenses 3:7 dice: *"Pero...por amor del cual* (Jesús) *lo he perdido todo",* cuando tuvo el encuentro con Cristo resucitado, mientras iba en el camino a Damasco, toda su forma de pensar cambió radicalmente.

Pablo no le concede ningún lugar a la ley como medio de justificación ante Dios. El idioma griego coloca al principio la trascendental frase *"aparte de la ley"* (chorís nómou), manifestando así fuertemente la absoluta separación entre la justicia divina y cualquier cumplimiento de la ley u obra del hombre, por completa que esta sea. Lutero lo tradujo: "sin ayuda suplementaria de la ley". Conybeare, un pensador, parafrasea el versículo así: *La justicia de Dios ha salido a la luz no por la ley sino por otro camino".*

"Testificada por la ley y los profetas". ¿Cómo? -Por la ley en sus ofrendas expiatorias y -por los profetas en sus palabras directas.

Jeremías lo expresa así: *"Y este será su Nombre que le llamarán: Jehová justicia nuestra"* (23:6). Isaías por su parte, dijo: *"Con su conocimiento justificará mi siervo justo a muchos"* (53:11). Sin embargo, no se declaró como había de efectuarse esto, sino hasta que vino la *"plenitud de tiempo"* y Dios envió a su Hijo a sufrir por los pecadores, *"el Justo por los injustos"* y así *"quitar el pecado por el sacrificio de sí mismo",* a fin de que la justicia de Dios se manifestase, tanto en su lucha con el pecado, como en la glorificación en el cielo del Hijo que había glorificado a su Padre en la tierra.

- El sentido de "nomos" (ley) varía según el contexto. La primera mención de "ley" en el versículo 21 se refiere al sistema legal, la segunda es equivalente a la totalidad del Antiguo Testamento "la ley y los profetas". Dios ya había dado testimonio de su acción salvadora por medio de Jesucristo, por lo tanto, el evangelio no era algo novedoso. la justicia de Dios por medio de la fe en Jesucristo, para todos los que creen en Él". La condición es ¡CREER EN ÉL!

3:22^b,23 *"Porque no hay diferencia, ^{23} por cuanto todos pecaron, y están destituidos de la gloria de Dios".*

Ésta es la conclusión reiterada a la que Pablo llega: TODOS LOS HOMBRES SON PECADORES. TODOS necesitan creer en Jesucristo pues de no ser así, están destituidos de la gloria de Dios.

OPINIÓN DE MARTÍN LUTERO, EL GRAN REFORMADOR, SOBRE ROMANOS 3:21-26

Ciertamente, como se acepta por todas las confesiones cristianas, el texto de Romanos 1:17, fue el detonante de la Reforma: "Porque en el evangelio la justicia de Dios se revela por fe y para fe, como está escrito: Mas el justo por la fe vivirá" y de allí se derivó la doctrina de "la Justificación por la Fe", lo cual es cierto. Sin embargo, Martín Lutero escribió al margen de su Biblia, junto al pasaje de Romanos 3:21-26, "éste es el pasaje más importante del Libro".

3:24-26 *"Siendo justificados gratuitamente por su gracia, mediante la redención que es en Cristo Jesús, ²⁵ a quien Dios puso como propiciación por medio de la fe en su sangre, para manifestar su justicia, a causa de haber pasado por alto, en su paciencia, los pecados pasados, ²⁶ con la mira de manifestar en este tiempo su justicia, a fin de que él sea el justo, y el que justifica al que es de la fe de Jesús".*

Muchos hoy en día se han preguntado, dice Wayne Grudem, el gran teólogo (Doctrina Bíblica, Ed. Vida 2005, Pag.321) -¿Por qué Dios escogió la fe para que recibamos la justificación y no una actitud sincera de amor, gozo, contentamiento, humildad o sabiduría?

Porque la fe, contesta,-es la única actitud de corazón que es exactamente lo opuesto a depender de nosotros mismos. Cuando vamos a Cristo por fe, esencialmente decimos:-"me rindo", ya no voy a depender de mí mismo, ni de mis buenas obras.

En Efesios 2:8,9 se expresa perfectamente la voluntad de Dios: *"porque por gracia sois salvos por medio de la fe; y esto no de vosotros, pues es don de Dios; no por obras, para que nadie se gloríe."* **Aun cuando una persona dijere que tiene más fe. Es decir, se puede tener más fe para ser sanos o para recibir un milagro, pero no para ser salvos. Ese regalo viene igualito para todos.**

Para meditar: con frecuencia Romanos 3:23 se ha usado para comenzar el proceso de evangelizar a una persona que no conoce a Cristo (y de allí se recomienda se pase a Ro 6:23, lo cual está bien). Sin embargo, se olvida lo que complementa la declaración: *"por cuanto todos pecaron y están destituidos de la gloria de Dios"* que está en el siguiente versículo, precisamente Romanos 3:24 *"Siendo justificados gratuitamente por su gracia".*

El pasaje de 3:24-26 es decisivo – afirmando lo dicho por Lutero- en cuanto a nuestra comprensión de la enseñanza de Pablo con respecto a la muerte de Jesús en la cruz. En estos versículos Pablo describe lo que Dios ha hecho por los hombres pecadores por medio de Jesucristo su Hijo. Para lograrlo usa tres metáforas o ilustraciones:

1. La metáfora legal: El cuadro presenta al pecador como cualquier culpable ante el tribunal de un juez justo. Éste aguarda la terrible sentencia que merece por sus pecados. Sin embargo, por lo que Cristo ha realizado ya en la cruz, el culpable oye un veredicto increíble: ¡ABSUELTO!

2. La metáfora de esclavitud: La palabra importante aquí es el sustantivo traducido: **"redención"** (griego: apolutrosis). Esta palabra se usaba en el mundo antiguo para describir la liberación de esclavos o prisioneros de guerra. Ello a menudo incluía el pago de una suma de dinero o un rescate. Esto tiene antecedentes en el Antiguo Testamento. Se usó para describir la liberación de Israel, de la esclavitud en Egipto, por parte de Dios.

En Deuteronomio 7:8 dice: *"por cuanto Jehová os amó, y quiso guardar el juramento que juró a vuestros padres, os ha sacado Jehová con mano poderosa, y os ha **rescatado** de servidumbre, de la mano de Faraón rey de Egipto".*

Cuando se aplica esta metáfora a lo hecho por Jesucristo en la cruz, debemos describir al hombre pecador, alejado de Dios y esclavizado al pecado. Dios es el benefactor que le redime de la servidumbre. Dios lo hace por medio de la muerte de Jesús su Hijo, en un acto redentor. Por la fe en Él, los hombres esclavos son ¡hechos libres!

3. La metáfora del sacrificio ritual. La palabra importante aquí es la traducida como **"expiación"** (griego: bilasterion). Esta forma aparece solo dos veces en el Nuevo Testamento, aquí y en Hebreos 9:5. Su trasfondo se encuentra en el Antiguo Testamento, especialmente de Levítico (16:1-34). Una vez al año, el sumo sacerdote hacía "expiación" por sus propios pecados y por los del pueblo de Israel. Llevaba la sangre del animal prescrito y sacrificado hasta el lugar santísimo, dentro del Tabernáculo de reunión. Allí, la rociaba sobre la tapa del arca del pacto, conocida como "propiciatorio" (la misma palabra para expiación). Al hacer esto, el sumo sacerdote estaba "cubriendo" los pecados del pueblo. Este acto hacía posible el perdón de los pecados.

RESUMEN: ¿Qué es lo que Dios ha hecho en favor del hombre pecador por medio de la muerte de su Hijo Jesucristo? Por la metáfora legal: Ha dado al hombre culpable ante el Juez justo, la ABSOLUCIÓN. Por la metáfora de la esclavitud: Dios ha pagado el precio para hacer LIBRE al hombre esclavo. Por la metáfora del sacrificio ritual: Dios ha PERDONADO los pecados del hombre por la sangre de su Hijo, derramada en la cruz del calvario. Entonces la fe es un acto de nuestro corazón por el cual nos apropiamos de la obra de Cristo, y nos sostenemos en la presencia inmediata del infinitamente santo Dios, justificados solamente gracias a los méritos de la obra de Cristo.(Ro 5:17-19).

3:27-31 "¿Dónde, pues, está la jactancia? Queda excluida. ¿Por cuál ley? ¿Por la de las obras? No, sino por la ley de la fe. 28 Concluimos, pues, que el hombre es justificado por fe sin las obras de la ley. 29 ¿Es Dios solamente Dios de los judíos? ¿No es también Dios de los gentiles? Ciertamente, también de los gentiles. 30 Porque Dios es uno, y él justificará por la fe a los de la circuncisión, y por medio de la fe a los de la incircuncisión. 31 ¿Luego por la fe invalidamos la ley? En ninguna manera, sino que confirmamos la ley".

Es claro que en toda esta discusión el apóstol tenía en mente la posición religiosa y la oposición de los judíos. *"La jactancia quedó excluida"* desde el momento en que fue introducido el "evangelio". Dios, por su designio envió a su Hijo Jesucristo quien murió y derramó su sangre para perdón de los pecados del hombre. Todo lo hizo Dios, el hombre no puede hacer nada para obrar en su salvación. Por eso la jactancia queda ¡excluida!

El versículo 28 no es una conclusión a la que se llega, sino una razón de la exclusión de la jactancia.

Una importante implicación de la justificación por la fe, es que afirma la universalidad de Dios. Siendo que Dios es uno, Él es el Dios de todos los hombres, tantos judíos como gentiles. Cuando los judíos devotos recitaban el "Shema", o su declaración de fe, expresaban esta creencia: *"Oye, Israel: Jehová nuestro Dios, Jehová uno es. Y amarás a Jehová tu Dios de todo tu corazón, y de toda tu alma, y con todas tus fuerzas"* (Dt 6:4).

Además, el Dios UNICO, tiene una UNICA forma de reconciliar a los hombres con Él: Jesús su Hijo. Por eso, los de la circuncisión como los de la incircuncisión somos justificados ante Dios solamente por ¡JESUCRISTO!

Nunca Dios había tenido la intención de que la ley fuera un medio por el cual los hombres se reconciliaran con Él. El alcance de la ley era más modesto y Pablo lo indica en Romanos 3:20; 4:15; 5:13; 7:7-25 y Gálatas 3:19-21. Pablo predicó a Cristo crucificado, que murió por nuestros pecados, que "gusto" la muerte por todos y que redimió a Israel. Que estaba bajo la ley y de la maldición de esa ley, haciéndose por ellos maldición.

La conclusión de todo el capítulo tres es: *"El hombre es justificado por fe sin las obras de la ley... Dios es uno y él justificará por la fe a los de la circuncisión y a los de la incircuncisión".* El ex Rabino Pablo llega a la finalización de este asunto diciendo que es solo por fe en Jesucristo, en su obra realizada en la cruz, que el pecador es justificado, redimido y expiado ante Dios.

Nota doctrinal: Tres palabras deben resaltarse en el pasaje:

1. **Justificación:** Del griego *dikaioumenoi* (participio presente pasivo) que se traduce "ellos son justificados". Este es un término legal o forense. El cuadro presenta al pecador como culpable ante un tribunal de un juez justo. El reo está esperando la sentencia por sus pecados, más por lo que Cristo hizo en la cruz, el reo escucha el veredicto: ¡Absuelto!

2. **Redención:** Del griego *apolutrosis* (sustantivo). Describe, en el mundo antiguo, la liberación de esclavos y frecuentemente lleva el pago de una suma de dinero o un rescate. El hombre es descrito como un esclavo del pecado. Dios, pagó la suma requerida: la muerte de Jesucristo en la cruz. Ahora el hombre es ¡LIBRE!

3. **Propiciación:** Del griego *bilasterion* que el diccionario Interlineal griego-español traduce: *la propiciación de expiación*. Los dos machos cabríos en el libro de Levítico, en el Día de la Expiación, representan el significado de esta expresión. Un macho cabrío era degollado y su sangre derramada en el propiciatorio que estaba en el arca del pacto. Allí se reunían el hombre pecador y Dios santo. Cristo fue puesto *"como propiciación por medio de la fe en su sangre"*. Ahora el lugar de reunión del pecador y Dios, es el Señor Jesús.

ROMANOS

CAPÍTULO 4

El ejemplo de Abraham (Ro 4:1-12)

4:1-3 "¿Qué, pues, diremos que halló Abraham, nuestro padre según la carne? ² Porque si Abraham fue justificado por las obras, tiene de qué gloriarse, pero no para con Dios. ³ Porque ¿qué dice la Escritura? Creyó Abraham a Dios, y le fue contado por justicia".

El apóstol Pablo disertó magistralmente sobre la doctrina de la justificación por la fe, en el capítulo anterior. Ahora toma, en esta sección, el ejemplo de dos de los más grandes hombres del Antiguo Testamento que creyeron y fueron justificados por la fe: Abraham y David.

En los versículos 1 al 3 trata el caso de Abraham. ¿Cuál fue la base de la justificación de Abraham delante de Dios? ¿Obras o fe? Los israelitas podrían contestar que fue justificado por observar la ley y hacer alianza con Dios. Un israelita común razonaba así: Nuestro padre Abraham obedeció en todo, hizo siempre lo que agradaba al Creador, y lo dejo todo por seguir sus directivas; de este modo se hizo merecedor de la bendición divina y es ejemplo de rectitud para todos sus descendientes. Ellos se gloriaban en ser hijos de Abraham, el amigo de Dios.

Nota histórica: En Eclesiástico 44:20 (un libro apócrifo de los inicios del siglo II a. C.) se dice: "Abraham es el padre sublime de una multitud de naciones, nadie lo igualó en gloria. Observó la Ley del Altísimo e hizo alianza con él". Además, en el libro de Los Jubileos (una obra anónima de los últimos años del siglo II a.C) se afirma: "Abraham fue perfecto en todos sus hechos con el Señor, y le agradó en justicia todos los días de su vida".

La pregunta que surge es: ¿Cómo se las ingenió el padre Abraham para guardar la Ley siendo que esta no fue dada hasta el tiempo de Moisés (Ex 19:6)? Algunas tradiciones judías dicen que Abraham guardó la Ley por anticipación. En Baruc 57:2 (libro apócrifo de mitad del siglo II) se dice: "Porque en aquella época la Ley no escrita se nombraba entre ellos, y las obras de los mandamientos eran así cumplidas.

Nota doctrinal: Obsérvese como varios libros, llamados "apócrifos", es decir libros no aceptados dentro del Canon revelado del Antiguo Testamento, hablan del patriarca Abraham y de otros personajes. Se les usa como referencia cuando ayudan a aclarar o entender algún pasaje, pero no se les considera libros inspirados con normas que se deben aplicar, como se siguen los 39 libros del AT o los 27 libros del NT (debe decirse que también aparecieron libros "apócrifos", cuando se escribió el NT).

Pablo pregunta: "¿qué obtuvo Abraham nuestro progenitor según la carne? Esta pregunta es muy parecida a la del capítulo 3: *¿qué ventaja tiene pues el judío?* La respuesta para ambas es negativa: nada y ninguna. Si Abraham fue justificado por las obras tenía base para jactarse, pero NO ante Dios, sino ante los hombres. Entonces la gloria se le atribuiría a él y no a Dios. Por lo tanto, la promesa no sería un don divino al patriarca. No se podría hablar de un Señor bueno y misericordioso que bendijo a su siervo, sino de un siervo excelente que se ganó a pulso cada uno de los beneficios otorgados por su Amo.

Pablo, para quitar toda duda, pregunta: *¿qué dice la Escritura?* Lleva a sus lectores hasta Génesis 15:6 para demostrar que la Escritura precisa: *"y creyó a Jehová y le fue contado por justicia"*. Dios se había revelado al patriarca Abraham y éste había respondido con fe. Esta fe le *"fue contada por justicia"*. El verbo "logizomai", traducido como atribuir, contar por, se empleaba en cuestiones contables en el sentido de "abonar algo a la cuenta de uno". Cuando Abraham confió totalmente en la promesa de la simiente, hizo posible que Dios abonara en su cuenta la justicia que Jesucristo iba a establecer por su sacrificio en el calvario. Esta fe fue antes de que se estableciera la práctica de la circuncisión (Gn 17:10).

4:4,5 "Pero al que obra, no se le cuenta el salario como gracia, sino como deuda; 5 más al que no obra, sino cree en aquel que justifica al impío, su fe le es contada por justicia".

La hipótesis rabínica de que el patriarca Abraham había sido justificado por sus obras es contrastada con la realidad bíblica: Abraham fue justificado por la fe. Pablo explica que, si una persona se compromete a servir, pagándosele un salario, queda implícita y explícitamente establecido un contrato que debe cumplirse por ambas partes contrayentes. Quien trabaja puede reclamar el derecho del sueldo que se le debe. Por el contrario, sino realiza el trabajo, no podrá reclamar nada y queda deudor de quien le contrató.

Trayendo esta figura a la vida espiritual, debemos decir que el hombre pecador nunca hará tantas buenas obras como para ser salvo por ellas. Por lo tanto, estará eternamente en deuda con Dios y por consiguiente la ley le condena pues no puede cumplirla.

> Pablo expresa con palabras tajantes la doctrina de la justificación por le fe diciendo: *"más al que no obra, sino cree en aquel que justifica al impío, su fe le es contada por justicia".*

Pero, ¿cómo puede Dios justificar al impío? Para el judío es difícil de entender esto, pues ellos encuentran en las Escrituras pasajes donde vez tras vez se señala que Dios bendice al hombre piadoso y justo y condena al impío. Hay que recordar dos hechos:

- Todo descendiente de Adán es impío, y si Dios no le justificara por gracia estaría condenado eternamente;

Jesucristo, el Cordero de Dios, llevo y quitó el pecado del hombre al morir en propiciación por el impío que le da la espalda al pecado para creer en Él como Salvador y Señor de su vida. Y lo declara justo.

En Gálatas 3: 9,10 Pablo dice: *"Así que Dios, bendecirá por medio de Abraham, a todos los que confían en Él como Abraham lo hizo. Pero corren un grave peligro los que buscan agradar a Dios obedeciendo la ley, porque la Biblia dice: Maldito sea el que no obedezca todo lo que la ley ordena"* (TLA).

Los hombres toman la fe como única forma de ser justos ante Dios, o tratan de hacer obras para ganarse el favor de Dios. La segunda opción jamás le hará al hombre ser justo ante Dios, por el contrario, lo condena y maldice pues acepta la ley y no la cumple. Es deudor ante Dios.

4:6-8 *"Como también David habla de la bienaventuranza del hombre a quien Dios atribuye justicia sin obras, 7 diciendo: Bienaventurados aquellos cuyas iniquidades son perdonadas, y cuyos pecados son cubiertos. 8 Bienaventurado el varón a quien el Señor no inculpa de pecado".*

Se cita a David en apoyo al principio antes dicho. Esta cita se encuentra en el Salmo 32:1,2. Los salmos ofrecen valiosos testimonios de cómo los hombres justos andaban con Dios bajo el régimen de la Ley, pese a los pecados que tenían que confesar. Es entonces que debemos concluir que la piedad o justicia no consiste en los méritos conseguidos por medio de obras de la ley, sino por la humildad que reconoce y confiesa los pecados, y la fe que confiaba en la gracia de Dios, aun cuando no había sido revelada en su justa base.

> La reconciliación con Dios implica justicia que se atribuye y pecado que no se inculpa. Esta es ¡la esencia de la justificación por la fe!

Para meditar: Los redimidos entendemos el porqué de esta justificación positivamente atribuida al creyente, como también del pecado no atribuido. Dios ha manifestado su justicia por el perfecto sacrificio de su Hijo Jesucristo en la cruz del Calvario. Bienaventurados los que nos hemos acogido a este beneficio (leer Hebreos :11-10:18).

4:9,10*"¿Es, pues, esta bienaventuranza solamente para los de la circuncisión, o también para los de la incircuncisión? "Porque decimos que a Abraham le fue contada la fe por justicia. 10 ¿Cómo, pues, le fue contada? ¿Estando en la circuncisión, o en la incircuncisión? No en la circuncisión, sino en la incircuncisión".*

Pablo hace una pregunta vital a sus hermanos judíos. Para los judíos la circuncisión era una señal del pacto hecho por Dios con el padre Abraham. Creían que era un requisito para todo aquel que tuviera parte en la promesa de Dios, ya sea que fuera judío nativo o prosélito gentil (Gn 17:11-13). Específicamente en Génesis 17:14 se dice: *"Y el varón incircunciso, el que no hubiere circuncidado la carne de su prepucio, aquella persona será cortada de su pueblo; ha violado mi pacto".*

Pablo afirma que Abraham fue declarado justo antes de la circuncisión y recurre a la Escritura una vez más. En Génesis 15:6 dice: *"Y creyó a Jehová y le fue contado por justicia"* y su circuncisión se describe hasta Génesis 17:22-27. Habían pasado aproximadamente trece o catorce años entre un hecho y otro. Abraham era todavía un incircunciso cuando recibió las promesas, la justificación y el pacto, siendo éste el epílogo de la declaración sobre la justificación por la fe (Gn 15).

4:11,12 *"Y recibió la circuncisión como señal, como sello de la justicia de la fe que tuvo estando aún incircunciso; para que fuese padre de todos los creyentes no circuncidados, a fin de que también a ellos la fe les sea contada por justicia; 12 y padre de la circuncisión, para los que no solamente son de la circuncisión, sino que también siguen las pisadas de la fe que tuvo nuestro padre Abraham antes de ser circuncidado".*

Dos conclusiones importantes son aquí expuestas:

1. El patriarca Abraham es padre de todos los creyentes, aún de los no circuncidados, a fin de que a estos les sea imputada la justicia. La justificación no la ofrece Abraham sino Dios, a través de la obra de Jesucristo en la cruz del Calvario. Ahora Abraham puede ser considerado padre de todos los creyentes, pues el principio de la fe en Dios establece un parentesco espiritual muy superior a los lazos de sangre.

2. Dentro de Israel, Abraham es padre de todos los que andan en las pisadas de su fe. Con esta proposición se excluye del parentesco espiritual a todos los israelitas incrédulos. En los días de Jesús en vano se jactaban de ser "hijos de Abraham" si andaban por caminos contrarios a la pacífica vida del patriarca.

Se puede ser un verdadero descendiente de Abraham, aunque sea un gentil incircunciso, si actúa en su vida una fe como la del Abraham. Desde luego, un judío circunciso puede ser un verdadero hijo de Abraham si sigue el ejemplo de Abraham de ser justificado por la fe. El ser hijo de Abraham es más bien una semejanza de "FE" que de similaridad de sangre.

La promesa realizada mediante la fe (Ro 4:13-25)

4:13-15 *"Porque no por la ley fue dada a Abraham o a su descendencia la promesa de que sería heredero del mundo, sino por la justicia de la fe. 14 Porque si los que* *son de la ley son los herederos, vana resulta la fe, y anulada la promesa. ⁱ⁵ Pues la ley produce ira; pero donde no hay ley, tampoco hay transgresión".*

Abraham es presentado como "heredero del mundo" y esto también es por la fe. Adán había fracasado y con él su descendencia. Pero ahora, Abraham es nombrado "padre de una descendencia espiritual", es decir, de todos los que tienen fe. Esto es un nuevo orden de cosas. Gálatas 3:15-29 arroja luz a este pasaje, aquí Pablo afirma que la Ley promulgada 430 años después del pacto descrito en Génesis 15 no podía anular los términos del contrato garantizado por Dios.

La Ley tiene sus funciones desde luego, pero no está en la línea de la promesa y del pacto que Dios hizo con el patriarca; pacto otorgado por la gracia de Dios y recibido por la fe de Abraham. La fe es el fundamento de la bendición de Dios. Abraham fue un hombre bendecido, pero llegó a ser un "heredero del mundo" sobre el principio de la FE.

La función legal, de la Ley, ampliamente tratada por Pablo en Romanos 7 y en Gálatas 3, es resumida así: "***Pues la ley produce ira; pero donde no hay ley, tampoco hay transgresión***". La ley obra ira y convierte el pecado en transgresión. La ley hace visible las demandas de la justicia de Dios sobre el hecho real del pecado y lo convierte en transgresión ocasionando la ira de Dios. Pero ¿qué es una transgresión? La palabra transgresión viene del griego: *"parábasis"* que significa: pecado rebelde. Este consiste en sobrepasar los límites establecidos por Dios, incurriendo el delincuente en la infracción de la ley y en el castigo correspondiente.

4:16,17 *"Por tanto, es por fe, para que sea por gracia, a fin de que la promesa sea firme para toda su descendencia; no solamente para la que es de la ley, sino también para la que es de la fe de Abraham, el cual es padre de todos nosotros ⁱ⁷ (como está escrito: Te he puesto por padre de muchas gentes delante de Dios, a quien creyó, el cual da vida a los muertos, y llama las cosas que no son, como si fuesen".*

Una vez más, Pablo muestra la gran bondad de Dios. En realidad, la fe es la única respuesta por parte del hombre compatible con la gracia de Dios. Dios deseaba que toda la simiente de Abraham, sean judíos o gentiles, tuviesen seguridad. La fe no se mezcla con las promesas y esperanzas vanas del hombre de que éste "cumplirá con su parte", sino que ve lo que Dios ha hecho enviando a su Hijo para hacer una obra acabada en la cruz. La promesa descansa sobre la gracia de Dios y se recibe por la fe. La promesa es firme para todos los descendientes de Abraham gentiles y judíos.

Abraham es "padre de todos nosotros" y es "padre de muchas gentes". La referencia de "padres de muchas gentes" remite a Génesis 17:5, donde el nombre del patriarca con una "h" agregada, se interpreta como "padre de multitudes". ¡Hay una gran familia de fe! Todos los creyentes, nos demos cuenta o no, estamos participando de la herencia de Abraham. Gálatas 3:29 dice: *"Si vosotros sois de Cristo, luego linaje de Abraham sois, herederos según la promesa".*

> Dios depositó las promesas en Abraham, Cristo cubrió los requisitos de la redención y ahora, nosotros disfrutamos de los beneficios. ¡Abraham nos obtuvo por promesa, Cristo nos redimió con sangre!

Para meditar: En cuanto a nuestra regeneración, Dios es el Padre de todos los creyentes. Pero en cuanto a nuestra relación en la familia de la fe, nuestro Padre es Abraham. Podemos decir que los creyentes gozamos de una triple paternidad:

1) La de Abraham que es la de toda la familia de la fe.

2) La del predicador del evangelio que nos llevó a Cristo (1 Co 4:15).

3) La de Dios, nuestro verdadero Padre, que nos engendró por el Espíritu Santo mediante su Palabra.

La segunda parte del versículo 17 *"llama las cosas que no son, como si fuesen"* señala a Abraham como creyente en un Dios con poder de resurrección y creación. Dios le había prometido Abraham hacerlo padre de muchas gentes, sin embargo, las circunstancias que prevalecían cuando la promesa fue dada hacía que su cumplimiento pareciese imposible. Abraham tenía casi cien años (no hay que darle mucha importancia a su edad, pues después de Sara, tuvo hijos con Cetura, Génesis 25:1,2) y su esposa Sara era estéril (durante los años normales para la maternidad ella no pudo concebir y dar a luz un hijo). Dios da vida a los muertos y delante de este Dios, Abraham se colocó dando la espalda, por así decirlo, a los hombres, a las circunstancias y aun a la experiencia de la vida, que parecía mostrar que la edad de su cuerpo y el de su mujer les impedía tener descendencia propia.

4:18-21 "El creyó en esperanza contra esperanza, para llegar a ser padre de muchas gentes, conforme a lo que se le había dicho: Así será tu descendencia. 19 Y no se debilitó en la fe al considerar su cuerpo, que estaba ya como muerto (siendo de casi cien años, o la esterilidad de la matriz de Sara. 20 Tampoco dudó, por incredulidad, de la promesa de Dios, sino que se fortaleció en fe, dando gloria a Dios, 21 plenamente convencido de que era también poderoso para hacer todo lo que había prometido".

Aquí encontramos las características de la fe de Abraham: En los versículos 18 al 25 encontramos ejemplificada en Abraham la difícil senda de la fe.

¿Cuáles son las características de la fe de Abraham?

Al principio Abraham y Sara esperaban, como es natural, en que el hijo les sería dado como fruto de su unión matrimonial, pero el paso de los años demostró que Sara era estéril. En medida en que desfallecía la esperanza natural, aumentaba el elemento de la fe, pues Dios quería someter a su siervo a esa severa disciplina por la que tenía que reconocer la mano de Dios en el cumplimiento de la promesa *"esperando contra esperanza"*, Abraham creyó. Él se percató, como siempre lo hace una fe inteligente, de todo factor humano que se interponía en el camino de la promesa de Dios.

Y ¿qué hizo?, Pablo enfatiza: *"tampoco dudó, por incredulidad, de la promesa de Dios, sino que se fortaleció en fe, dando gloria a Dios"*. Ciertamente la constancia de Abraham fue tal, que sin duda obró en la incrédula Sara, quien aprendió que era *"fiel el que había prometido"* (Gn 18:12,13,15)

Para meditar: Una característica más de la fe de Abraham es que estaba *"plenamente convencido"*. ¡Gloriosa seguridad de la fe que descansa completamente en Dios, pues Él cumplirá lo que ha prometido! A pesar de que tenemos la Palabra escrita y a Cristo como la Palabra encarnada que ha venido... ¡cuán a menudo dudamos!

La fe es la plena convicción de que Dios es poderoso para hacer lo que ha prometido, no importa cuál sea la situación. Abraham creyó (v. 18), no se debilitó en la fe (v. 19), tampoco dudó (v. 20) sino que se fortaleció y dio gloria a Dios (v. 20). En otras palabras "creyó en esperanza contra esperanza" (v. 18).

4:22:25 "por lo cual también su fe le fue contada por justicia. 23 Y no solamente con respecto a él se escribió que le fue contada, 24 sino también con respecto a nosotros a quienes ha de ser contada, esto es, a los que creemos en el que levantó de los muertos a Jesús, Señor nuestro, 25 el cual fue entregado por nuestras transgresiones, y resucitado para nuestra justificación.

El resultado de esta fe, fue que: *"le fue contada por justicia"*. Comenta el Dr. James Denney, en su libro Expositors Greek Testament: "Esta fe no es imputada arbitrariamente. Esta actitud espiritual de un hombre que, consciente de su falta de fuerza y de esperanza para el porvenir, se echa sobre Dios y vive por su Palabra prometedora de un futuro de bendición, es la justa y necesaria en el caso de todas las almas frente a Dios, ahora y siempre. El que adopta tal actitud, está bien con Dios en todo lo fundamental".

Esta clase de fe da gloria a Dios pues anula toda base de jactancia humana y está plenamente persuadida de que Dios es Todopoderoso para cumplir con todo lo prometido (Tito 3:4-7).

La justificación de Abraham se extiende a todos los que creen: *"23 Y no solamente con respecto a él se escribió que le fue contada, 24 sino también con respecto a nosotros a quienes ha de ser contada, esto es, a los que creemos en el que levantó de los muertos a Jesús, Señor nuestro, 25 el cual fue entregado por nuestras transgresiones, y resucitado para nuestra justificación".*

Los descendientes de Abraham son aquellos que creen en Dios Padre, el cual envió a su Hijo Jesucristo como propiciación por sus pecados y le ha resucitado para la justificación de ellos. Este es el corazón del evangelio.

Pablo lleva a la culminación su relato sobre la justificación de Abraham por la fe recordando a sus lectores que tenía significación para ellos también. De estos versículos debemos decir:

1) creemos en Dios, en el mismo Dios quien en los capítulos introductorios de la carta nos puso bajo su juicio, sin encontrar justicia en nosotros y sin esperanza de alcanzarla; 2) Creemos en Dios como el que levantó de los muertos a Jesús nuestro Señor. Dios no solo propuso a Jesucristo como sacrificio propiciatorio por nuestros pecados, sino que, al levantarlo de los muertos, selló públicamente la verdad de las últimas palabras de nuestro Señor, cuando dijo: *"Consumado es"*.

Abraham aprendió el misterio de la resurrección que anula la muerte, no solo por el nacimiento de Isaac, pues el cuerpo de Sara "estaba muerto" para concebir, sino también por la ofrenda de éste en el Monte Moriah. Esto que fue figura, lección y anticipación en la experiencia de Abraham llega a ser piedra angular del evangelio, el cual anuncia como hecho central, que: *"Cristo murió por nuestros pecados conforme a las Escrituras; y que fue sepultado y que resucitó al tercer día conforme a las Escrituras"* (1 Co 15:3,4).

La muerte de Cristo es el Sacrificio supremo que constituye el fin del pecado y "la muerte de la muerte" (Hebreos 2:14) y que solo pudo propiciar la voluntad de Dios. Por lo tanto, la resurrección siempre presupone la ofrenda por el pecado y manifiesta la victoria de la justicia de Dios sobre la iniquidad. Y de la vida de Dios sobre la muerte.

Resumen: De este capítulo debemos aprender:

1. La fe en Dios ha sido siempre la respuesta por la cual los hombres se reconcilian con Él. Abraham respondió en fe cuando Dios se le reveló, y esta fe le fue contada por justicia. En el tiempo de Pablo Dios se reveló a sí mismo en la muerte y resurrección de Jesucristo y los hombres respondieron en fe y Dios les reconcilió amorosamente con Él. Dios siempre busca revelarse a nosotros y espera nuestra gozosa respuesta de fe.

2. El perdón es costoso. Las indulgencias son una imitación barata del perdón. El pecado origina un abismo entre Dios y los hombres. El hombre no puede hacer nada por alcanzar a Dios. No obstante, Dios se humilla para cruzar por medio de la cruz ese abismo y así, lograr que el hombre se reconcilie con Dios. Entre nuestros pecados y el perdón de Dios, se levanta la cruz de Cristo. ¡Cuánto costó la reconciliación a Dios! (1 P 1:18,19).

3. Cuando las circunstancias son de lo más oscuras, Dios a menudo manifiesta su poder de un modo excepcional. Cuando la dificultad es grande, nos sentimos menos inclinados a atribuir la liberación a nuestra capacidad o a la mera casualidad. Dios tiene el poder necesario para cumplir con creces con las grandes promesas que nos ha hecho. Debemos recurrir a su presencia en las circunstancias más adversas, Dios es Dios de los imposibles.

ROMANOS

CAPÍTULO 5

Resultados de la justificación (Rom 5:1-11)

5:1,2 *"Justificados, pues, por la fe, tenemos paz para con Dios por medio de nuestro Señor Jesucristo; ² por quien también tenemos entrada por la fe a esta gracia en la cual estamos firmes, y nos gloriamos en la esperanza de la gloria de Dios".*

Pablo aborda el tema de la justificación por la fe recurriendo a su experiencia personal. Cada pecador movido al arrepentimiento entiende la gracia como un don, pues tiene plena conciencia de sus pecados y cuando la maldad que habitaba es removida por medio de la obra de Cristo, encuentra la paz. Ahora se obtiene acceso a un estado de gracia, al favor inmerecido de Dios, una posición perfecta y permanente *"en la que estamos firmes"*.

² por quien también tenemos entrada por la fe a esta gracia. El término *"entrada"* se usa también en Efesios 2:18 y 3:12, siempre en referencia al acceso del creyente a Dios por medio de Jesucristo. Lo que era impensable para el judío del AT (cp Éx 19:9, 20,21;28:35) ahora es disponible a todos los que se acercan (Jer 32:38, 40; Heb 4:16; 10:19-22; cp Mt 27:51).

Además, **nos gloriamos en la esperanza de la gloria de Dios.** "la esperanza", algo muy cierto aunque todavía no se haya hecho realidad. (Ro 15:4; Ef 2:12; 1 Ti 1:1).

Nota histórica: Durante el periodo de la Reforma (1517-1648), los teólogos protestantes refutaron la teoría tradicional católica. Y enseñaron que el hombre ya justificado no dependería ni necesitaría del "vicario de Cristo" o sus representantes para obtener el perdón. Martín Lutero enseñó enérgicamente que el tema de la justificación por medio de la obra vicaria de Cristo, era el punto que "hace que la Iglesia se mantenga en pie o caiga", razón por la cual censuró la venta de indulgencias, que tergiversaba la enseñanza cristiana, haciendo que las personas descansaran en perdones falsos para sus pecados y no en la obra gratuita del Calvario.

Durante la Reforma surgieron las "cinco solas", frases que resumen el credo de los reformadores en contraposición con la doctrina católica:

- Sola scriptura (solo por medio de la Escritura)

- Sola fide (**solo por la fe Dios salva**)

- Sola gratia (solo por la gracia)

- Solus Christus (solo a través de Cristo)

- Soli Deo gloria (solo para Dios la gloria)

> **Nota doctrinal:** La doctrina de la justificación (del latín *justificativo* y del griego *dikaiosis*), es un punto central dentro de la teología: "es el acto de Dios de quitar la culpa y el castigo por el pecado, haciendo justo a un pecador por medio de la obra vicaria de Cristo".

5:3-5 *"Y no sólo esto, sino que también nos gloriamos en las tribulaciones, sabiendo que la tribulación produce paciencia; ⁴ y la paciencia, prueba; y la prueba, esperanza; ⁵ y la esperanza no avergüenza; porque el amor de Dios ha sido derramado en nuestros corazones por el Espíritu Santo que nos fue dado".*

El fruto de la tribulación es una de las paradojas de la fe cristiana, pues el gozo puede coexistir con la aflicción. El corazón del creyente expuesto al fuego de la prueba, desarrolla paciencia (gr. *jupomoné*, resistencia alegre, constancia); la paciencia soporta con templanza aquello que quisiéramos se apartara de nosotros.

Existe desde luego la paciencia que proviene de la naturaleza no regenerada y que es producto del orgullo y en los mejores casos de cierto valor estoico, pero no se relaciona con la paciencia proveniente de la gracia.

La paciencia que aquí se menciona es la aceptación de la prueba como voluntad divina o la espera de las promesas de Dios; la paciencia crea carácter probado. (gr. *dokimé*, mérito, carácter probado, confiabilidad. Se empleaba para aludir a los metales que se sometía a ciertas pruebas para determinar su pureza). Esto es, la evidencia y testimonio de nuestra fe y absoluta confianza en el Señor, aún bajo el peso de la aflicción.

Dios nos concede su aprobación que a su vez, nos llena de esperanza (gr. elpis esperar con anhelo, expectación o confianza):

- En primer lugar, nuestra esperanza "viendo hacia los cielos", descansando en la intervención divina.

- En segundo lugar, agradeciendo la transformación que Cristo hace en nuestro carácter *"estando persuadido de esto, que el que comenzó en vosotros la buena obra, la perfeccionará hasta el día de Jesucristo;"* (Filipenses 1:6).

"Y la esperanza no avergüenza", la esperanza de nuestra salvación nunca será avergonzada, el amor derramado por Dios en nuestros corazones es la prueba fehaciente de su cuidado, al recibir su Espíritu tenemos la certeza de nuestro destino eterno.

"el amor de Dios ha sido derramado en nuestros corazones por el Espíritu Santo que nos fue dado", esto es, a través de la sin igual infusión pentecostal, cual donación formal del Espíritu a la iglesia de Dios, para cada creyente y para todo tiempo. Debe notarse que por primera vez se menciona al Espíritu Santo en esta Epístola. Es como si el apóstol hubiese dicho: "¿Cómo nos podrá avergonzar esta esperanza de la gloria, que como creyentes alentamos, cuando sentimos a Dios mismo por su Espíritu hinchiéndonos el corazón de irresistibles sensaciones del maravilloso amor de Dios en Cristo Jesús?"[1]

Un testimonio maravilloso del amor de Dios por nosotros (Romanos 8:9,14,16,17 y Jn 7:38,39; 1 Co 6:19,20;12:13; Ef 1:18).

5:6-8 *"Porque Cristo, cuando aún éramos débiles, a su tiempo murió por los impíos. 7 Ciertamente, apenas morirá alguno por un justo; con todo, pudiera ser que alguno osara morir por el bueno. 8 Mas Dios muestra su amor para con nosotros, en que siendo aún pecadores, Cristo murió por nosotros"*.

El mayor acto de amor fue consumado en la cruz, Cristo ofreció su vida por los **débiles** (gr. *asthenon*, débil, sin fuerza, relativo a una condición de capacidad limitada, incapaz de hacer lo correcto), es decir, que no somos capaces de salvarnos a nosotros mismos.

a su tiempo (gr. *kairos*, tiempo, oportunidad, momento oportuno, tiempo favorable, tiempo señalado) cuando más apropiadamente debía acontecer.

CHRONOS Y KAIROS: En el Texto Sagrado se usan los vocablos chronos y kairos para referirse al tiempo. Chronos se refiere al tiempo cronológico o secuencial, kairos, a un momento indeterminado donde las cosas especiales suceden. Mientras la naturaleza de chronos es cuantitativa, la de kairos es cualitativa. La naturaleza del chronos es humana, mientras que en la Biblia, al usarse kairos se implica la naturaleza y propósitos divinos. Cristo no solo vino en un buen momento de la historia, sino a su tiempo (kairos), de acuerdo al plan del Padre. Dios controla la historia y la ocasión, los métodos y el resultado, de lo más importante: la muerte y resurrección de su Hijo Jesús.

"murió por los impíos" (gr. *asebon*, malvado, sin temor a Dios, sin respetar una creencia o práctica religiosa), Jesús entregó su vida por aquellos que no lo merecían, los débiles, incapaces y apartados de Dios, con la perdición eterna como destino, a no ser por la itervención oportuna de Dios. Pablo enfatiza el contraste de lo que éramos -***débiles, impíos***- y lo que llegamos a ser -***justificados en su sangre***- por la gracia de Salvador.

---

[1] Jamieson, Fausset, Brown, *Comentario exegético y explicativo de la biblia, Tomo II: Nuevo Testamento* (El Paso, TX: Casa Bautista de Publicaciones, 2002).

Pero, ¿podrá alguien dar su vida por otro? Pablo mismo contesta que no es muy fácil que alguien conscientemente de su vida para salvar a personas buenas o justas, aun siendo familiares o amigos muy cercanos. Más difícil, por quienes no caigan en estas categorías, reconociendo que se han dado casos de heroísmo, en donde alguien arriesga su vida para rescatar o salvar a otro u otros, aun sin conocerlos. Pero no es nada fácil para el grueso de los seres humanos.

> El contraste lo establece Pablo de una manera magnífica al resaltar la acción sustitutiva del Hijo de Dios. Muriendo voluntariamente por todos los seres humanos, que aún estábamos en estado de impiedad, enemigos de Dios, pecadores declarados, ¡*siendo aún pecadores!* Eso es lo más maravilloso.

5:9-11 "Pues mucho más, estando ya justificados en su sangre, por Él seremos salvos de la ira. 10 Porque si siendo enemigos, fuimos reconciliados con Dios por la muerte de su Hijo, mucho más, estando reconciliados, seremos salvos por su vida. 11 Y no sólo esto, sino que también nos gloriamos en Dios por el Señor nuestro Jesucristo, por quien hemos recibido ahora la reconciliación".

Consumada la obra de Jesús, *por él seremos salvos de la ira.* Al usar el verbo en futuro (seremos salvos) se hace referencia al día del juicio.

"si siendo enemigos, fuimos reconciliados con Dios por la muerte de su Hijo". Pablo recalca una vez más el contraste entre la acción de morir por nosotros siendo enemigos, con lo que hará por nosotros ahora siendo amigos. *seremos salvos por su vida.*

Por ello *también nos gloriamos en Dios por el Señor nuestro Jesucristo,* el gozo del triunfo sobre la muerte eterna obtenidos por gracia, llena el corazón de paz; *hemos recibido ahora la reconciliación* (gr. katalagué, restaurar, favor) nuestra relación con Dios ha sido restaurada, el hombre nuevamente se puede encontrar en armonía con el Creador por medio del sacrificio del Salvador. Por la fe nos podemos acercar *"confiadamente al trono de la gracia, para alcanzar misericordia y hallar gracia para el oportuno socorro"* (Hebreos 4:16) en vez de ser enemigos merecedores del castigo.

En los siguientes versículos de este capítulo 5, el apóstol introduce un conjunto de cinco bendiciones **"mucho más"** a favor de los justificados en su sangre:[2]

1. *mucho más* de la liberación de la ira (v. 9)

2. *mucho más* de la preservación por Su vida de resurrección (v. 10)

3. *mucho más* del don de la gracia (v. 15)

4. *mucho más* del reinado del creyente en vida (v. 17)

5. *mucho más* de la gracia abundante (v. 20).

---

2 MacDonald, William. *Comentario Bíblico de William MacDonald* (Barcelona: CLIE, 2004).

Adán y Cristo (Ro 5:12-21)

5:12-14 *"Por tanto, como el pecado entró en el mundo por un hombre, y por el pecado la muerte, así la muerte pasó a todos los hombres, por cuanto todos pecaron. ¹³ Pues antes de la ley, había pecado en el mundo; pero donde no hay ley, no se inculpa de pecado. ¹⁴ No obstante, reinó la muerte desde Adán hasta Moisés, aun en los que no pecaron a la manera de la transgresión de Adán, el cual es figura del que había de venir".*

Los versículos 12 al 21 vinculan la primera parte de la epístola con los siguientes tres capítulos. Pablo retoma el tema de la condenación ocasionada por Adán, y de la justificación otorgada por Jesús, para continuar en los siguientes capítulos con el tema de la santificación.

Adán es símbolo de la vieja creación mientras que Cristo es presentado como emblema de la nueva creación. Como resultado del pecado de Adán (aun cuando primero pecó Eva, era Adán, como esposo, quien ostentaba la categoría de ser cabeza), la muerte entró en el mundo. El pecado afectó a toda la humanidad, su naturaleza se volvió pecaminosa, culpable y corrupta, transmitiéndose esta condenación a través de todas las generaciones.

Los diez mandamientos fueron la revelación escrita de la ley divina. Antes de la Ley aunque había pecado, no existía transgresión -quebrantamiento de normas, leyes o costumbres- por lo tanto, el pecado no se imputa como transgresión cuando no hay ley que lo prohíba. Sin embargo, en ese período la muerte reinó *desde Adán hasta Moisés.*

El Apóstol presenta una analogía entre Cristo y Adán; siendo Adán un tipo de aquel que había de venir después de Él; la intención es clara, exaltar las bendiciones que Cristo proveyó, comparándolas con el mal que siguió después de la caída.

Para meditar: El hombre no es condenado por tener una naturaleza pecaminosa, sino por su rechazo a la salvación que Cristo le ofrece. Como se ha dicho por muchos: "el hombre no es pecador porque peca, sino que peca porque es pecador". Por lo tanto, la responsabilidad y privilegio de la iglesia es ser luz en un mundo de tinieblas, sabiendo que al predicar en el poder del Espíritu Santo, muchas almas serán arrebatadas de un destino fatal.

5:15-17 *"Pero el don no fue como la transgresión; porque si por la transgresión de aquel uno murieron los muchos, abundaron mucho más para los muchos la gracia y el don de Dios por la gracia de un hombre, Jesucristo. ¹⁶ Y con el don no sucede como en el caso de aquel uno que pecó; porque ciertamente el juicio vino a causa de un solo pecado para condenación, pero el don vino a causa de muchas transgresiones para justificación. ¹⁷ Pues si por la transgresión de uno solo reinó* *la muerte, mucho más reinarán en vida por uno solo, Jesucristo, los que reciben la abundancia de la gracia y del don de la justicia".*

Se observa el contraste entre la transgresión y la gracia. Por la transgresión de uno murieron -**los muchos**- los descendientes de Adán, mas abundó la gracia y el don de Dios –*para los muchos*- los que llegan a ser miembros de la nueva creación.

El **don de Dios** es la manifestación de la gracia a los verdaderos creyentes., El texto ofrece otro punto de contraste del don con el juicio; *el juicio vino a causa de un solo pecado para condenación* el castigo fue a causa de un solo pecado. *"El don vino a causa de muchas transgresiones para justificación",* la justificación es la absolución de la culpa heredada a través de Adán, sumada a las innumerables ofensas cometidas por el hombre. Por eso la gracia y el don de Dios abundaron para con nosotros, porque ahora los muchos, -*reinarán en vida.*

La nueva vida que surge de la justificación, vida que se posee y se goza en paz, absteniéndose de los deseos de la carne, viviendo como extranjeros y peregrinos (1 Pedro 2:11), pues *"nuestra ciudadanía está en los cielos",* (Filipenses 3:20).

Para meditar: La gracia de Cristo excede al pecado de Adán. Sin embargo, las multitudes prefieren vivir bajo el dominio del pecado y de la muerte. Las notas gloriosas del himno "Cristo quiere limpios corazones" están más vigentes que nunca:[3]

1
Cristo busca limpios corazones
que le sirvan siempre con fidelidad;
que a los pecadores insten fervorosos
que se vuelvan del pecado a la verdad.
CORO
Id a trabajar allá en los campos del Señor
(id a trabajar con voluntad)
que para la siega se presentan blancos hoy
(en los campos del Señor Jesús)
oh, fieles siervos de Dios,
a quien debéis todo honor,
oíd su voz, salid a trabajar.

5:18,19 *"Así que, como por la transgresión de uno vino la condenación a todos los hombres, de la misma manera por la justicia de uno vino a todos los hombres la justificación de vida.* **19** *Porque así como por la desobediencia de un hombre los*

---

3 *Himnario de Gloria y triunfo,* (Editorial Vida, 2010), Himno 10.

muchos fueron constituidos pecadores, así también por la obediencia de uno, los muchos serán constituidos justos".

Así que concluyendo la comparación iniciada en el versículo 12, por una ofensa grave a los ojos del Santo Dios, el castigo fue la condenación, así de igual forma la justicia de uno trajo justificación de vida para todos, *"verá el fruto de la aflicción de su alma, y quedará satisfecho; por su conocimiento justificará mi siervo justo a muchos, y llevará las iniquidades de ellos"* (Isaías 53:11);

La desobediencia de Adán ocasionó la pena de muerte, pero la ejemplar obediencia de Cristo que *"estando en la condición de hombre, se humilló a sí mismo, haciéndose obediente hasta la muerte, y muerte de cruz"* (Filipenses 2:8) anuló la condenación.

La desobediencia de Adán condenó a todos los hombres constituyéndolos pecadores y colocándolos en una situación de alejamiento de Dios y por la obediencia de Cristo, todos los que lo deseen serán constituidos justos. *"Porque así como en Adán todos mueren, también en Cristo todos serán vivificados"* (1 Co 15:22). Lo anterior no implica una salvación automática para todos los hombres, pues como enseña la Palabra, para adquirirla se debe recibir la gracia que Dios ofrece (v. 17) *"y que de todo aquello de que por la ley de Moisés no pudisteis ser justificados, en Él es justificado todo aquel que cree"* (Hechos 13:39).

Nota histórica: La crucifixión fue un terrible método de ejecución, donde el condenado era atado o clavado en una cruz de madera o también entre árboles o en una pared, normalmente desnudo, y dejado allí hasta su muerte. Esta forma de ejecución fue ampliamente utilizada en la Roma Antigua y en culturas vecinas del Mediterráneo. Métodos similares fueron empleados por los persas.

La crucifixión fue utilizada por los romanos hasta el año 337, cuando el cristianismo fue legalizado en el Imperio Romano por decreto del emperador Constantino. La crucifixión era usualmente utilizada para exponer a la víctima a una muerte lenta, horrible y pública. Josefo escribió que los romanos "fuera de sí, con ira y odio, se divertían clavando a sus prisioneros en diferentes posturas (allon allói skhématti)" (Josefo, Flavio, "Bello Iudaico" (La Guerra de los Judíos), 5:451-452).

5:20,21 "Pero la ley se introdujo para que el pecado abundase; mas cuando el pecado abundó, sobreabundó la gracia; ²¹ para que así como el pecado reinó para muerte, así también la gracia reine por la justicia para vida eterna mediante Jesucristo, Señor nuestro".

La Ley se introdujo no como rasgo primordial del plan divino, sino que fue añadida por un propósito subordinado: revelar plenamente el mal ocasionado por el pecado original. La Ley no originó el pecado, pero lo reveló como transgresión contra Dios, la Ley no salvaba del pecado, solo mostraba su terrible carácter.

La gracia de Dios es mayor que el pecado humano, la Ley evidenció el aumento del pecado, es decir hizo más conscientes a los hombres de su propia pecaminosidad. Y cuando la maldad se multiplicó por esa evidencia, sobreabundó -fue mayor- la gracia.

Estos versículos presentan el reino de la muerte con autoridad sobre los culpables, condenados por el pecado de Adán *"ya que el aguijón de la muerte es el pecado, y el poder del pecado, la ley"* (1 Corintios 15:56) y también resaltan magníficamente el reino de la gracia que originó el plan de salvación por medio de la justicia de Jesucristo *"Porque hay un solo Dios, y un solo mediador entre Dios y los hombres, Jesucristo hombre, el cual se dio a sí mismo en rescate por todos, de lo cual se dio testimonio a su debido tiempo"* (1 Timoteo 2:4-6).

Resumiendo el capítulo, William MacDonald menciona siete beneficios de la justificación en la vida del creyente:

1. Paz para con Dios por medio de nuestro Señor Jesucristo (v. 1).

2. Gozamos la entrada a una indescriptible posición de favor con Dios (v. 2).

3. Nos gloriamos en la esperanza de la gloria de Dios (v. 2).

4. Nos gloriamos en las tribulaciones, no en las penalidades, sino en sus resultados finales (v. 3-5).

5. Estamos eternamente seguros en Cristo (v. 6).

6. Nos gloriamos en Dios por medio de nuestro Señor Jesucristo (v. 11).

7. Hemos recibido ahora la reconciliación (v. 11).

Para meditar: "Por más cosas que alguien pueda tener por encima de otro, cada hombre es un pecador contra Dios, está condenado por la ley y necesita perdón. No puede hacerse de una mezcla de pecado y santidad esa justicia que es para justificar. No puede haber derecho a la recompensa eterna sin la justicia pura e inmaculada: esperémosla ni más ni menos que de la justicia de Cristo".[4]

---

[4] Matthew Henry, *Comentario bíblico Matthew Henry: Obra completa sin abreviar*, 13 tomos en 1 (Miami, FL: Vida publishers, 2017).

ROMANOS

CAPÍTULO 6

Muertos al pecado (Ro 6:1-14)

6:1,2 "¿Qué, pues, diremos? ¿Perseveraremos en el pecado para que la gracia abunde?² En ninguna manera. Porque los que hemos muerto al pecado, ¿cómo viviremos aún en él?".

Breve introducción: El apóstol Pablo en esta doctrinal epístola dedicó los capítulos 3 al 5, a ampliar sus premisas sobre "la justificación por la fe" y ahora dedica los capítulos 6 al 8, para fundamentar la importante doctrina sobre "la santificación del creyente", es decir lo que se espera de quien ha comenzado una vida nueva en Cristo.

En el presente capítulo 6, en su particular estilo de hacer preguntas, para establecer radicales enseñanzas con sus respuestas, Pablo lanza una pregunta fundamental: ***¿Perseveraremos en el pecado para que la gracia abunde?*** Y él mismo la contesta, ***"en ninguna manera"*** (Una figura retórica, que el Apóstol usa con frecuencia. E. Lund en su conocido texto de Hermenéutica le llama *Interrogación*). Pablo desafía una idea errónea que se estaba infiltrando, en el sentido de que los creyentes podían continuar en el pecado y conservarse salvos, debido a la manifestada gracia de Dios por medio de Cristo. Pablo enfrenta esa tergiversación "antinomiana" de la doctrina de la gracia, recalcando que el creyente verdadero "está en Cristo" por su muerte al pecado.

> **Nota histórica:** el antinomianismo (del griego, anti, contra y nomos, ley) fue llamado así por Martín Lutero en sus controversias con Juan Agrícola, quien objetaba el uso de la Ley de Israel, principalmente el Decálogo, aplicado a los creyentes actuales, y como un medio de llamar a los pecadores al arrepentimiento, diciendo que la predicación del evangelio era suficiente.[5]

Los antinomianos argumentaban también que el evangelio predicado por el apóstol Pablo los liberaba de la observancia de la ley moral del Antiguo Pacto. Lutero en su tiempo, defendió el uso de la ley, tanto en la enseñanza, como en la predicación, diciendo que la ley ceremonial y la ley civil fueron abrogadas, pero que la ley moral se aplicaba

---

[5] Justo L. González, *Diccionario manual teológico: Teología práctica de la predicación* (Barcelona: CLIE, 2015), 27.

> a lo que no estuviera en conflicto con la fe y el amor, Calvino pensaba en forma muy semejante. Lo cual es una posición diferente de los antinomianos que rechazaban la ley del Antiguo Testamento.

Aceptar que se podía *perseverar en el pecado para que la gracia abundara* era un serio peligro que podían socavar las verdaderas enseñanzas que con tanto ahínco el apóstol predicaba. (léase también Judas 4). La iglesia nominal que iba surgiendo, en suma no había comprendido la justificación por gracia y estaba tergiversando las enseñanzas del apóstol Pablo, para justificar su inmoralidad.

Habían difundido rumores de que Pablo predicaba "... *¿por qué no hacer lo malo para que venga lo bueno?* Y por eso Pablo recalcaba que los que lo querían desacreditar afirmaban que él enseñaba eso. (Ro 3:7,8).

Debido a esto el apóstol trata con minucioso detalle la doctrina de la gracia gratuita. La premisa paulina fundamental del capítulo 6 es que ya no se puede vivir esclavizado por el pecado, dado que el resultado de la vida nueva es la santificación. Pablo expresa que la resistencia continua al pecado debe caracterizar al creyente como efecto de la nueva vida en Cristo (6:11; 8:1).

Si Jesucristo murió en nuestro lugar (5:6-8), *"de ninguna manera"* se puede vivir la vieja vida pecaminosa heredada de Adán. (del griego *me genoito*, traducido ¡qué nunca sea así!, que aparece 14 veces en las epístolas de Pablo y de esas 10 en Romanos). El que vive en novedad de vida no puede ser hospitalario con el pecado en su vida. Esta es la expresión más enérgica de Pablo para repudiar la afirmación de los antinomianos, repetida diez veces en la carta a los romanos, con la expresión ya mencionada en el griego. ¡De ninguna manera se puede reconciliar la nueva vida en Cristo, con una práctica deliberada del pecado!

Nota doctrinal: En éste capítulo Pablo defiende fuertemente la doctrina de la gracia gratuita sostenida por la iglesia protestante, y de manera particular por las Asambleas de Dios. En ella se enseña a los nuevos convertidos que toda persona que ha entregado su vida a Cristo con pleno arrepentimiento y confesión de fe, no podrá usar la gracia divina como una licencia para pecar.

6:3,4 "¿O no sabéis que todos los que hemos sido bautizados en Cristo Jesús, hemos sido bautizados en su muerte? 4 Porque somos sepultados juntamente con Él para muerte por el bautismo, a fin de que como Cristo resucitó de los muertos por la gloria del Padre, así también nosotros andemos en vida nueva".

Pablo continua aludiendo al conocimiento adquirido de los antinomianos de la iglesia en Roma que ya en todo caso, habían sido bautizados por inmersión como Jesucristo lo había enseñado (Mt 3: 13-17) y establecido en el mandato de la gran comisión (Mt 28:19; Mr 16:16). De ahí que Pablo les recuerda esa verdad espiritual con la metáfora del bautismo en agua que simboliza la identificación visible del nuevo creyente con Cristo (1 Co

6:17, 10:2; Gá 3:27; 1 P 3:21; 1 Jn 1:3) y la identificación con el cuerpo espiritual de Cristo, esto es, la iglesia. Mostrando al mundo la transformación de los creyentes justificados por medio de Jesús con su muerte y resurrección.

En el versículo 4 afirma: *Porque somos sepultados juntamente con Él para muerte por el bautismo, a fin de que como Cristo resucitó de los muertos por la gloria del Padre, así también nosotros andemos en vida nueva.*

Pablo usa una analogía para enseñar que en la muerte al pecado, que sucedió por obra del Señor Jesucristo, el creyente debe identificarse con Él en su muerte, sepultura y resurrección. El bautismo dramatiza y hace objetiva la muerte al pecado que ya se dio en el creyente, así como ocurrió con Jesús cuando murió en la cruz y luego fue sepultado. El creyente es sumergido en las aguas y luego sale de éstas como cuando Cristo salió de la muerte y resucitó victoriosamente. Así el creyente inicia una vida que será eterna junto a Jesús. El pensar retornar a la vieja vida es totalmente eliminado en la mente paulina, enfatizó *"andemos en novedad de vida".*

Nota histórica: Los cristianos de la iglesia en Roma entendían a cabalidad la alegoría del bautismo. Sabían que el judaísmo requería a los gentiles que ingresaban a la fe judía tener que ser inmersos en un estanque con agua que los cubriera totalmente, ante la presencia de tres testigos y luego escuchar exhortaciones y bendiciones. Literalmente creían que este acto era una total regeneración y desde ese momento se les consideraba como niños recién nacidos.

Por su parte, los cristianos de origen griego también entendían la alegoría paulina del bautismo ya que ellos habían practicado antes religiones misteriosas, en las cuales para iniciarse en ellas, tenían que dramatizar una muerte seguida de un nuevo nacimiento para entrar en la eternidad. En el ritual conocido como el taurobolio, a la persona llamada moriturus, del latín, *"el que va a morir",* se le enterraba totalmente en una zanja. Al concluir la iniciación se le hablaba y atendía como a un recién nacido que ahora era *renatus in aeternum,* en latín, es decir nacido de nuevo para la eternidad.

6:5-7 *"Porque si fuimos plantados juntamente con él en la semejanza de su muerte, así también lo seremos en la de su resurrección; ⁶ sabiendo esto, que nuestro viejo hombre fue crucificado juntamente con él, para que el cuerpo del pecado sea destruido, a fin de que no sirvamos más al pecado. ⁷ Porque el que ha muerto, ha sido justificado del pecado".*

Andar en la nueva vida significa que el creyente fue de una vez por todas unido a Cristo de forma vital y creciente, dejando atrás la vida de pecado. Hay que agregar algo importante: el bautismo solo se practicaba con los adultos que, conscientes de su significado, se identificaban en la semejanza de la muerte del cuerpo humano de Jesús, para identificarse también en su resurrección.

En algún momento cuando la iglesia diluyó los principios bíblicos comenzaron a bautizar a los infantes "con agua bendita" y ya no sumergiendo a los adultos.

Ahora, el **viejo hombre** (la antigua manera de vivir, es decir una vida vieja y desgastada practicada por el inconverso, herencia del primer Adán) de manera decisiva muere en la cruz junto a Cristo. *"He sido crucificado con Cristo, y ya no soy yo el que vive, sino es Cristo quien vive en mí; y esa vida que ahora vivo en la carne la vivo en la fe, en el Hijo de Dios, el cual me amó y se entregó a sí mismo por mí"* (Gálatas 2:20).

Sin embargo, es de advertir que la nueva vida en Cristo esta arropada en un cuerpo imperfecto que todavía no ha sido transformado por la resurrección. Debido a esto, hay una lucha permanente entre las dos naturalezas internas del cristiano: la vieja y desgastada vida heredada de Adán y la nueva vida imputada por Jesucristo, el segundo Adán. Llegando a este punto Pablo no está diciendo que el creyente en santidad ya nunca va a cometer algún pecado, sino que ya no hay deleite al cometer pecado, como antes. A lo cual, todos los nacidos de nuevo pueden asentir.

El poder y gracia del Espíritu Santo, será una permanente ayuda para el creyente dispuesto a continuar abandonando el pecado y nunca practicarlo más. (2 Pedro 2:19; Juan 8:34) *"a fin de que no sirvamos más al pecado"*. Pablo continua su respuesta a los inmorales antinomianos diciéndoles que el creyente que se ha identificado por medio del bautismo por inmersión con Cristo, ya no practica con placer el pecado sino que lo combate, de modo que ahora puede presentarse libre de pecado por medio de la justicia lograda por Jesucristo en la cruz, otorgada por gracia divina al hombre.

> **Nota doctrinal:** El bautismo en agua practicado a los nuevos creyentes, dentro de las Asambleas de Dios y la gran mayoría de iglesias cristianas, es efectuado por inmersión, a personas mayores con pleno entendimiento de lo que realizan, pues los infantes no pueden cumplir con lo que la Palabra enseña y en ninguna parte de la Escritura se encuentra algún ejemplo que lo respalde. Los adolescentes que han manifestado un pleno arrepentimiento de sus pecados y confesado su fe en el salvador Jesús, pueden ser bautizados. La fórmula que se sigue, es la que el Señor Jesús señaló en Mateo 28:19: *"bautizándolos en el nombre del Padre, y del Hijo y del Espíritu Santo".*
>
> Este acto simboliza el poder limpiador del Espíritu Santo (Ezequiel 36:25; 1 Corintios 6:11; Efesios 5:26; Hebreos 10:22) y la incorporación de la persona al pueblo de Dios, la iglesia. También simboliza la muerte del viejo hombre o el hombre inconverso a una nueva naturaleza o nuevo hombre, en Jesucristo.

6:8-11 "Y si morimos con Cristo, creemos que también viviremos con Él; 9 sabiendo que Cristo, habiendo resucitado de los muertos, ya no muere; la muerte no se enseñorea más de Él. 10 Porque en cuanto murió, al pecado murió una vez por todas; mas en cuanto vive, para Dios vive. 11 Así también vosotros consideraos muertos al pecado, pero vivos para Dios en Cristo Jesús, Señor nuestro".

De manera gloriosa, el apóstol Pablo termina su argumento contra los antinomianos demostrando que la herencia que dejó el primer Adán a la humanidad (5:12-14) fue crucificada junto con Jesucristo, ya que también fue residente de un cuerpo humano, con la acepción de que Él nunca pecó en toda su vida y de esta manera condenó al pecado. Dicho de otra manera, el viejo hombre decadente residente en cada cristiano ha sido crucificado en la misma persona de Jesús.

¡Cuan insondable don divino de gracia y misericordia conferido al indigno humano! Jesús al haber resucitado de entre los muertos ya no volverá a morir, la muerte no lo retuvo en el sepulcro, por lo tanto fue vencida y no tiene señorío sobre Él (Hechos 2:24). Finalmente efectuada la expiación de la humanidad con su vida, obra, muerte y resurrección (Juan 17:4) regresó al padre y vive eternamente para Él (Juan 17:5).

6: 12-14 " No reine, pues, el pecado en vuestro cuerpo mortal, de modo que lo obedezcáis en sus concupiscencias; [13] ni tampoco presentéis vuestros miembros al pecado como instrumentos de iniquidad, sino presentaos vosotros mismos a Dios como vivos de entre los muertos, y vuestros miembros a Dios como instrumentos de justicia. [14] Porque el pecado no se enseñoreará de vosotros; pues no estáis bajo la ley, sino bajo la gracia".

Ahora hay una transición en la argumentación de Pablo, después de la alegoría de la unión mística entre el cristiano y el Señor Jesús en el bautismo en agua; habla de la manera práctica en la que debe vivir el que ha nacido de nuevo en medio de la generación que le ha tocado vivir. Debido a la argumentación expuesta el cristiano tiene la encomienda imperativa de considerarse muerto al pecado, pero vivo ("*zontas*"= vida eterna, que inicia desde el nacimiento en Cristo) para Dios, al igual que Cristo Jesús, como una verdad esplendorosa que lleva a vivir la nueva vida en el poder divino consolador y santificador del Espíritu Santo.

Nuevamente la instrucción imperativa paulina **No reine...**, el cristiano no debe dejarse someter por los pensamiento o actividades pecaminosas (*epithumia*: concupiscencias) que promueve la auto indulgencia en los actos que inhiben el afecto a Dios y que dañan el alma. La consecuencia lógica del consejo imperativo es la decisión inmediata de no dejarse someter al señorío del pecado (Filipenses 2:12,13). Todos los órganos del sistema humano que servían como herramientas al pecado autoindulgente, que violaban la voluntad de las leyes santas de Dios, ahora sirven para vivir en la voluntad justa del Dios creador.

Ahora el pecado ya no es señor del cristiano, por la grandiosa obra expiatoria del segundo Adán (Jesucristo). No queda más que rendirse extasiado ante un amor tan grande e inmensurable. El acatamiento al imperativo de no pecar ya, no es por las exigencias de la obediencia perfecta a la Ley, sino por la contemplación del amor tan grande de Jesucristo y su gracia inmerecida al tomar el lugar que le tocaba al hombre en la cruz. ¡Aleluya!

Siervos de la justicia (Ro 6:15-23)

6:15,16 "¿Qué, pues? ¿Pecaremos, porque no estamos bajo la ley, sino bajo la gracia? En ninguna manera. ¹⁶ ¿No sabéis que si os sometéis a alguien como esclavos para obedecerle, sois esclavos de aquel a quien obedecéis, sea del pecado para muerte, o sea de la obediencia para justicia?"

Pablo sigue haciendo uso de la figura de lenguaje llamada *interrogación*, para reafirmar sus conceptos. Pregunta a los lectores de todas las edades, ¿Creen ustedes que son libres para pecar, debido a que la obediencia total a la Ley como modo de salvación ha quedado atrás? El mismo responde enfáticamente: ¡Que nunca sea así! (*"me genoito"*, una exhortación contundente, al igual que en 6:1) El pecado que inicia en el hombre va tomando formas más dominantes hasta que esclaviza al que lo practica y finalmente lo lleva a la muerte física y espiritual y a la separación eterna de Dios. Entonces lo que Pablo viene argumentando es que sólo existe un Señor y Creador y el ser humano decide si pertenece a Él por medio de la obediencia al señorío del Padre por medio de Cristo, o está bajo el señorío del pecado y de la muerte.

6:17,18 "Pero gracias a Dios, que aunque erais esclavos del pecado, habéis obedecido de corazón a aquella forma de doctrina a la cual fuisteis entregados; ¹⁸ y libertados del pecado, vinisteis a ser siervos de la justicia".

Pablo expresa profunda gratitud a Dios por el cambio de vida de los creyentes en Roma que antes habían sido ignorantes de la voluntad divina, y ahora habían decidido obedecer con todo lo que el ser humano es: espíritu, alma y cuerpo, con todos sus sinónimos de mente, voluntad, sentimientos y emociones, ante la predicación salvadora. Los primeros creyentes de Roma fueron testigos del Pentecostés en Jerusalén, Hechos 2:10 habla de *"romanos, aquí residentes, tanto judíos como prosélitos... que les oían hablar en sus lenguas las maravillas de Dios"* La doctrinal carta de Pablo los felicita porque ahora **libertados del pecado, vinisteis a ser siervos de la justicia.**

Por iniciativa propia el creyente pasa del señorío del pecado a la obediencia justa, al Dios todopoderoso creador del universo. "Habiendo sido liberados de la esclavitud o el servicio del pecado, nos hemos vuelto siervos de la libertad. Servir a Dios es la libertad perfecta. Esta es la paradoja de la justicia cristiana"[6].

La libertad en Cristo no los eximía de nunca pecar, sin embargo, éste ya no era su amo, y el Espíritu de Santidad los iba a auxiliar.

---

6 William M. Greathouse, Donald S. Metz, Frank G. Carver, *Comentario bíblico Beacon*, Tomo 8 (Kansas City, MI:Nazarene Publishing House, 2010) 151-152.

Nota histórica: En los albores de la iglesia primitiva existía la esclavitud, hombres, mujeres y niños eran comprados y vendidos como bestias u objetos. Los esclavos no tenían ningún derecho con respecto a su tiempo y a todo lo que consistía su persona. Su sustento y el propósito de su existencia, estaban al servicio del amo las 24 horas del día. El cristianismo con sus reglas de amor fue cambiando ese sistema de vida de las naciones y siempre predicó en contra de la esclavitud.

6:19-22 *"Hablo como humano, por vuestra humana debilidad; que así como para iniquidad presentasteis vuestros miembros para servir a la inmundicia y a la iniquidad, así ahora para santificación presentad vuestros miembros para servir a la justicia. 20 Porque cuando erais esclavos del pecado, erais libres acerca de la justicia. 21 ¿Pero qué fruto teníais de aquellas cosas de las cuales ahora os avergonzáis? Porque el fin de ellas es muerte. 22 Mas ahora que habéis sido libertados del pecado y hechos siervos de Dios, tenéis por vuestro fruto la santificación, y como fin, la vida eterna".*

Los creyentes romanos habían sido transferidos a un estado de libertad, el efecto lógico era que en un acto decisivo entregaran todos los miembros de su cuerpo para ofrecerlos en servicio a una ética moral justa revelada por Dios. Quedaba claro que el recién convertido no podía servir a dos señores. Por lo antes expuesto, parafraseando al famoso teólogo Karl Barth: "asimismo antes eran libres, esto es, de la justicia, una terrible libertad; de lo cual el resultado inevitable y vergonzoso con su fruto, era la muerte. Ahora se han vuelto siervos de Dios, con el resultado de que, por la decisión de Él, ustedes son personas santificadas, que van en camino a la vida eterna".

Nota histórica: Según Justino Mártir, el mundo romano no conocía la moralidad, el Páter familia podía rechazar a sus hijas recién nacidas, éstas eran abandonadas en un lugar público conocido como el foro, en donde hombres depravados las recogían para más adelantes comerciar con ellas en los burdeles. Eran muchos los casos en que coincidían el padre y la hija en dichos lugares.

6:23 *"Porque la paga del pecado es muerte, mas la dádiva de Dios es vida eterna en Cristo Jesús Señor nuestro".*

El capítulo termina con una conclusión triunfante después de la argumentación contra los antinomianos. La esclavitud al pecado tiene "su recompensa", si tristemente se puede llamar así, y por la enseñanza bíblica se define como muerte eterna. En bendito contraste, los que han muerto al pecado y viven cada día una vida de obediencia, experimentando lo que es una vida resucitada en Cristo, disfrutan en esta tierra el don inmerecido de plena certidumbre de vida eterna.

¡El pecador recibe lo máximo por lo mínimo! ¡La insondable gracia de Dios!

Para meditar: Pablo cierra esta argumentación con el texto que se ha repetido a través de las edades, cuando se presenta el plan de salvación a un pecador: *Porque la paga del pecado es muerte, mas la dádiva de Dios es vida eterna en Cristo Jesús Señor nuestro.*

ROMANOS

CAPÍTULO 7

Analogía tomada del matrimonio (Ro 7:1-6)

7:1 "¿Acaso ignoráis, hermanos (pues hablo con los que conocen la ley), que la ley se enseñorea del hombre entre tanto que éste vive?".

En el capítulo 6, Pabló usó dos analogías (comparaciones):

> • La del bautismo en agua, para compararlo con la muerte de Cristo. Así como Jesús fue muerto y sepultado, para luego resucitar a una vida eterna, el creyente es "sepultado" en las aguas del bautismo, muriendo al pecado, para surgir a una vida nueva, que lo llevará a la vida eterna.

La analogía del esclavo, cuya voluntad está totalmente sujeta a su amo, comparándola con la actitud del creyente que está totalmente dispuesto a sujetarse a Cristo para vivir una vida limpia, teniendo como "fruto la santificación".

Ahora aquí en el capítulo 7, establece una analogía de la relación que existe entre el creyente y Cristo, con la sujeción mutua que se da en un matrimonio.

Aún pueden quedar preguntas en el aire de los creyentes romanos para el apóstol Pablo: ¿En qué sentido es cierto y cómo sucedió que nosotros ya no estamos bajo la ley sino bajo la gracia? ¿Con qué propósito fuimos liberados del señorío de la ley?

Para hacer todavía más comprensible la incompatibilidad entre la gracia de Dios en el hombre y el pecado, el apóstol usa la analogía del matrimonio para una enseñanza comprensible a todos. Que recuerden todos los creyentes que el reino de la ley ha sido rebasado por el de la gracia.

7:2,3 "Porque la mujer casada está sujeta por la ley al marido mientras éste vive; pero si el marido muere, ella queda libre de la ley del marido. ³ Así que, si en vida del marido se uniere a otro varón, será llamada adúltera; pero si su marido muriere, es libre de esa ley, de tal manera que si se uniere a otro marido, no será adúltera".

En este caso y retrocediendo a Romanos 6:6, el viejo hombre, es representado por la esposa y la Ley está representada por el marido. Aunque el inconverso no conozca la salvación por gracia, está por Ley sujeto a este compromiso.

Pero si el marido muere (esto es, la muerte a las exigencias inalcanzables de la Ley), la mujer (el creyente) queda libre. Por lo tanto, queda libre para sujetarse a la gracia de Jesucristo el cual cumplió con la obediencia perfecta y justa demandada por el Padre.

Cualquier inconverso bajo las leyes absolutas de Dios en el decálogo mosaico de Éxodo 20, no obedece los mandamientos y va tras otros preceptos se convierte en idólatra, esto es, un adúltero espiritual.

7:4 *"Así también vosotros, hermanos míos, habéis muerto a la ley mediante el cuerpo de Cristo, para que seáis de otro, del que resucitó de los muertos, a fin de que llevemos fruto para Dios".*

El Apóstol continúa enseñando vehementemente el tema de la salvación por gracia a los creyentes romanos (1:13; 8:12; 10:1; 11:25; 12:1; 15:30; 16:17). Urgiendo a sus oyentes que pongan a un lado sus dudas.

"habéis muerto a la ley mediante el cuerpo de Cristo", es decir por medio del cuerpo muerto de Él. Pablo deja de usar "moristeis" por la expresión más fuerte, "habéis muerto" para querer decir que fuimos crucificados con Cristo, como lo escribió a los gálatas en 2:20: *"con Cristo estoy juntamente crucificado, y ya no vivo yo, mas vive Cristo en mí; y lo que ahora vivo en la carne, lo vivo en la fe del Hijo de Dios."*

Es el cuerpo de Jesús que fue crucificado y muerto en la cruz y en el cual nosotros morimos también en identificación plena por fe, para ahora **ser de otro**, esto es, rendidos al señorío de Cristo como el esposo individual y cabeza de la nueva comunidad llamada iglesia (*ekklesia*). Por tanto, llamados a conocer su gracia salvadora que da libertad y como fruto de esto, ser impulsados por su amor redentor a anunciar las buenas nuevas de salvación a los perdidos. (Romanos 10:12-15).

7:5,6 *"Porque mientras estábamos en la carne, las pasiones pecaminosas que eran por la ley obraban en nuestros miembros llevando fruto para muerte. ⁶ Pero ahora estamos libres de la ley, por haber muerto para aquella en que estábamos sujetos, de modo que sirvamos bajo el régimen nuevo del Espíritu y no bajo el régimen viejo de la letra".*

Con claridad Pablo expresa que cuando el hombre estaba en la carne (*"sarch"*: el cuerpo mismo, a diferencia del espíritu, mente y corazón. 1 Corintios 1:29; Gálatas 2:16; Colosenses 2:5, 2:11), la inclinación a realizar acciones contrarias a la voluntad de Dios gobernaba la vida y el resultado obvio era el camino a la muerte.

Pero ahora siendo libre de las exigencias inalcanzables de la Ley, el hombre experimenta un gran cambio en su vida, ahora bajo el gobierno del Espíritu Santo, el cristiano es ayudado para vivir una vida llena de obediencia y gratitud por la salvación recibida. El Espíritu de Santidad guía y capacita para vivir esa vida (Gálatas 3:3; 4:6; 5:18; 2 Corintios 3:17).

"Pero ahora estamos libres de la ley, por haber muerto para aquella en que estábamos sujetos". Los Hijos de Israel "estuvieron casados" con la ley de Moisés hasta que el Señor Jesucristo murió. Entonces Dios clavó la ley en la cruz y la nación israelita llegó a ser viuda, para que se pudiera unir al Señor resucitado y ahora sirviera *bajo el régimen nuevo del Espíritu y no bajo el régimen viejo de la letra*.

Recapitulación sobre las enseñanzas de Pablo en Romanos 2 al 7

Capítulo 2: Muestra que la ley mosaica, no capacitó a Israel para producir justicia aceptable a Dios.

Capítulo 3: Expresa lo mismo sobre los gentiles. La justicia nunca se puede producir con el carácter humano o las buenas obras. La ley solo logró el conocimiento del pecado (3:20).

Capítulo 4: Establece algo único. Que la ley no tuvo conexión con las promesas hechas a Abraham, pues le fueron hechas sin ninguna condición legal. En 4:13 Pablo recalca, que no fueron las promesas hechas por la ley, *"sino por la justicia de la fe".* Es más, agregó: *"la ley produce ira"* (4:15). Y también Pablo citó a David (4:6) con su salmo 32 quien entendió el valor de la fe salvadora, por encima de las obras.

Capítulo 5: Dado que se incrementaron las ofensas y las transgresiones, se provocó mayor condenación, trayendo el reino de la muerte sobre la humanidad. En 5:12-14 Pablo culpa al primer Adán de heredar el pecado, y con éste la muerte; pero lo contrasta con *"la gracia y el don de Dios"* que nos legó el segundo Adán.

Capítulo 6: La analogía del gobierno humano y la analogía de la esclavitud.

Capítulo 7: La analogía del matrimonio.

En conclusión, la nueva realidad para el cristiano es la vida en plena libertad bajo el gobierno divino y ya no más una vida motivada por el código moral escrito por Moisés, en el que se decretaba la estricta obediencia a *la letra* para tener salvación. (Mateo 2:18-22; 9:14-17; Lucas 5:33-39; Juan 8:36).

El pecado que mora en mí (Rom 7:7-25)

7:7,8 " ¿Qué diremos, pues? ¿La ley es pecado? En ninguna manera. Pero yo no conocí el pecado sino por la ley; porque tampoco conociera la codicia, si la ley no dijera: No codiciarás. 8 Mas el pecado, tomando ocasión por el mandamiento, produjo en mí toda codicia; porque sin la ley el pecado está muerto".

Llegado este momento Pablo ha hechos algunas afirmaciones, las cuales muchos lectores de la Biblia han interpretado como que la Ley era algo pecaminoso. Por tercera vez Pablo expresa una rotunda negación ¡Que nunca sea así! ("*me genoito*", una exhortación contundente al igual que en 6:1,15). — *yo no conocí el pecado sino por la ley* — aquí el apóstol Pablo se revela a sí mismo recordando seguramente su experiencia en la ceremonia del Bar mitzvah que lo comprometió con el judaísmo activo. Desde ese momento se exaltó el *ego* en independencia y desobediencia a la ley moral que demandaba la total devoción al Creador. Teniendo presente el decálogo, el apóstol Pablo toma el décimo mandamiento: "*no codiciarás* (Éxodo 20:17) que da directamente en la misma raíz del pecado residente en el corazón del hombre y sus deseos perversos que como todo deseo ilícito destruye las relaciones con los demás. Ya que la codicia (epithumia) originalmente fue el deseo de exaltación por encima del trono de Dios. El Sermón del monte (Mateo 5-7) y las variadas enseñanzas del Señor Jesús en los Evangelios presentan la nueva dimensión en la que se deben mover los cristianos.

Nota histórica: En hebreo Bar-Mitzvah significa "hijo del deber". Es decir, que después de los trece años el joven judío asumía las obligaciones morales y religiosas de un adulto. Con anticipación aprendía la lista de bendiciones relacionadas con la lectura de la Torá, y luego pronunciaba en la sinagoga un discurso en el que expresaba sus deseos de cumplir los mandamientos de la religión judía. Los judíos ortodoxos siguen celebrando esa ceremonia.

7:9 "Y yo sin la ley vivía en un tiempo; pero venido el mandamiento, el pecado revivió y yo morí".

Continúa Pablo relatando su experiencia pasada cuando se sentía seguro, sin convicción de pecado con la conciencia libre del conocimiento de las implicaciones de la obediencia a la ley, pensando que estaba todo bien en lo espiritual y moral (Hechos 8:1-3). Pero cuando se encontró con Jesucristo y su grande amor lleno de gracia y misericordia, fue entonces que comprendió que estaba muerto al no cumplir con el sentido real de la Ley, que es amar a Dios por sobre todo y a sus semejantes como así mismo (Marcos 12:29-31).

Nota histórica: Se debe recordar que la Epístola a los Romanos, enviada desde Corinto, fue leída primero en asambleas de creyentes, la mayoría eran judíos que vivían en la capital del mundo. Esta visión paulina de la ley debe haber causado consternación no solo entre los judíos, pero también entre los gentiles, quienes sabían que los judíos tenían un más alto estándar de moralidad que la sociedad pagana y basaban esos principios en la ley de Moisés. Por eso era imperativo que Pablo les mostrara a esos creyentes que ellos no estaban sujetos a la ley, sino a Cristo. Apeló a dos de los héroes más reconocidos, como eran Abraham y David para mostrarles que la justificación es tan sólo por la fe.

7:10-12 *"Y hallé que el mismo mandamiento que era para vida, a mí me resultó para muerte; ¹¹ porque el pecado, tomando ocasión por el mandamiento, me engañó, y por él me mató. ¹² De manera que la ley a la verdad es santa, y el mandamiento santo, justo y bueno".*

Es cierto que en el huerto del Edén el mandamiento en Génesis 2: 16, 17 era para preservar la *vida*. *"Y mandó Jehová Dios al hombre, diciendo: De todo árbol del huerto podrás comer; mas del árbol de la ciencia del bien y del mal no comerás; porque el día que de él comieres, ciertamente morirás".* Como otrora, el mandamiento también es aplicable al hombre ya que, la desobediencia a los mandamientos divinos acarrea la muerte.

En este punto Pablo reconoce que es hallado (*Heuréthe*: fue descubierto) por el convencimiento del Espíritu de Santidad, ante una angustiosa paradoja: la ley dada al hombre es extraordinaria, espléndida y santa ("*hagios*"; es diferente; describe algo que no es de este mundo). La ley es divina, y transmite la misma voz de Dios. Por lo tanto el decálogo en la Torah es santo y es beneficioso en extremo (agathe) y es justo (dikaia) porque exige la honra debida al Creador y al ser humano. Los mandamientos divinos ayudan al hombre a vivir en paz. El recuerdo de la caída adámica está en el pensamiento de Pablo y concluye en base a lo anterior, que el pecado hace promesas engañosas de poder, placer y sabiduría, sin embargo, el resultado es la muerte (Génesis 3:5-6).

7:13 *"¿Luego lo que es bueno, vino a ser muerte para mí? En ninguna manera; sino que el pecado, para mostrarse pecado, produjo en mí la muerte por medio de lo que es bueno, a fin de que por el mandamiento el pecado llegase a ser sobremanera pecaminoso".*

¿Entonces lo que me beneficiaba, se convirtió en mi muerte? Por cuarta vez Pablo exclama rotundamente ¡Que nunca sea así! ("*me genoito*", una negación contundente al igual que en 6:1,15 y 7:7). Los estatutos mandamientos y preceptos de la Ley ordenaban la devoción perfecta al Creador y el amor aplicado en relaciones correctas con los semejantes. Sin embargo, ningún hombre había podido cumplir la totalidad de la observancia de la ley debido a que el pecado ha invadido la humanidad desde Adán. Entonces, Pablo exclama: la Ley hace evidente mi procedencia pecaminosa y por lo tanto acarrea la muerte por infringirla.

Para meditar: Aun si tengo éxito en disciplinarme a mí mismo hasta el punto en que sea moralmente recto y justo, sólo he refinado mi pecado hasta hacerlo justicia propia y orgullo espiritual, lo cual es el pecado en su quinta esencia. De esta manera el santo mandamiento de Dios hace que mi pecado sea sobremanera pecaminoso. Me deja perdido y abandonado en mi Torre de Babel.[7]

7:14-16 *"Porque sabemos que la ley es espiritual; mas yo soy carnal, vendido al pecado. ¹⁵ Porque lo que hago, no lo entiendo; pues no hago lo que quiero, sino lo que aborrezco, eso hago. ¹⁶ Y si lo que no quiero, esto hago, apruebo que la ley es buena".*

Continua Pablo exponiendo su sabiduría en Cristo afirmando que la ley es inspirada por el Espíritu Santo (2 Timoteo 3:16,17; 2 Pedro 1:19-21). "mas yo soy carnal", hecho de carne y sangre moralmente impotente ante la tentación, entregado a la naturaleza pecaminosa desde el Edén. Realmente, continua Pablo, *"mi proceder no lo explico"* (NVI). Me descubro estupefacto practicando conscientemente lo que odio y desprecio; entonces comprendo que la Ley como voluntad divina es en extremo beneficiosa para mí, concluye Pablo.

Para meditar: " pues no hago lo que quiero, sino lo que aborrezco eso hago". ¡Es un grito de impotencia! Debe apreciarse el estoicismo del apóstol Pablo, al hablar del escabroso tema de la pecaminosidad yacente en el ser humano transformado, y su lucha permanente para obedecer al Espíritu Santo. Y describir todo en primera persona, como si él fuera el más terrible pecador, es decir no colocar las faltas en sus lectores. ¿Tendremos nosotros el mismo valor para aplicarnos la Palabra en primera persona, antes de pensar en los demás?

7:17-20 *"De manera que ya no soy yo quien hace aquello, sino el pecado que mora en mí. ¹⁸ Y yo sé que en mí, esto es, en mi carne, no mora el bien; porque el querer el bien está en mí, pero no el hacerlo. ¹⁹ Porque no hago el bien que quiero, sino el mal que no quiero, eso hago. ²⁰ Y si hago lo que no quiero, ya no lo hago yo, sino el pecado que mora en mí".*

El apóstol Pablo en este punto desarrolla una nueva enseñanza; hay dos tendencias o "dos yo" en el creyente. Un yo, es el hombre interior que es identificado como *mi mente o razón* en el versículo 23; y el otro yo, es el hombre exterior y es por lo tanto inferior (2 Corintios 4:16) alejado de la obediencia a la voluntad divina, es depravado y es llamado *"mi carne"* mencionado en el versículo 18; también identificado como **mis miembros** en el versículo 23. Y estos están en guerra dentro del creyente, *Porque no hago el bien que quiero, sino el mal que no quiero, eso hago. Y si hago lo que no quiero, ya no lo hago yo, sino el pecado que mora en mí.*

---

7 Ibid

Todo hombre en cualquier generación ha sido receptor pasivo de la herencia del primer padre de la humanidad, Adán, y su depravada desobediencia al Creador soberano. Sólo el encuentro con Jesucristo el segundo Adán, puede hacer libre al perdido de esta terrible herencia (Romanos 5:14; 1 Corintios 15:22, 45).

7:21 *"Así que, queriendo yo hacer el bien, hallo esta ley: que el mal está en mí".*

El corazón del apóstol Pablo, concluye el contenido de su testimonio en el pasado (vv.14-20), al descubrir mediante la revelación del Espíritu de Santidad, que lo llevó a toda verdad, que la ley del pecado gobernaba en él, (aquí se refiere a la ley heredada por la naturaleza humana desde la desobediencia en el Edén descrita en Génesis 3: 1-24. En ningún momento se refiere al decálogo en el libro de Éxodo).

7:22,23 *"Porque según el hombre interior, me deleito en la ley de Dios; 23 pero veo otra ley en mis miembros, que se rebela contra la ley de mi mente, y que me lleva cautivo a la ley del pecado que está en mis miembros".*

Ya desde el Antiguo Testamento se encuentran líderes sacerdotales como Esdras deleitándose en la revelación escrita de la voluntad divina, como lo refiere el Salmo 119. Ante la certeza anterior, por la experiencia placentera y reconfortante de obedecer la Ley divina (7:1), el apóstol Pablo sigue reflexionando en la lucha continua de las dos naturalezas gobernantes en su vida: el viejo y desgastado "yo" y el hombre nuevo que conoce la maravillosa Ley divina.

Aquí es descrita la trágica lucha del cristiano que surge en el momento que se presenta el noble sentimiento de llevar a cabo una buena acción, entonces el mal residente, lo interrumpe para realizar lo opuesto. (*"aichmalotizonta"*: como un prisionero de guerra) Sólo el Señor puede ayudar y perdonar al hombre que vez tras vez intenta obedecer la Ley divina. El creyente debe estar consciente que mientras permanezca en el presente cuerpo de humillación (Filipenses 3:21) la lucha interna continuará.

7:24,25 *"¡Miserable de mí! ¿quién me librará de este cuerpo de muerte? 25 Gracias doy a Dios, por Jesucristo Señor nuestro. Así que, yo mismo con la mente sirvo a la ley de Dios, mas con la carne a la ley del pecado".*

Pablo se califica como un pobre desdichado cuando se es prisionero en el cuerpo del pecado. Entonces exclama con un lamento angustioso y pregunta ¿quién puede salvarme de las angustiosas decisiones tomadas por la influencia de su hombre exterior pecaminoso? Lleno de esperanza, y de gratitud, se contesta a sí mismo: ¡la única esperanza de salvación es el don más preciado dado a la humanidad **nuestro Señor Jesucristo** (Juan 3:16)! Pablo prorrumpe en una doxología llena de gratitud al divino Salvador. Pablo emite una verdad, él mismo es servidor de la Ley de Dios pero, trágicamente también su cuerpo mortal es servidor de la ley de la naturaleza humana. Sin embargo, ya no hay condenación para los que están en Cristo Jesús.

En conclusión, la humanidad es incapaz de santificarse a sí misma. Sólo puede ser justificada gratuitamente mediante la apropiación del perdón de pecados en Cristo (3:21,22) y de igual forma puede ser santificado por la obra creciente y continua del poder del Espíritu Santo (8:1-11).

Para meditar: "pues no hago lo que quiero, sino lo que aborrezco eso hago". !Es un grito de impotencia! Debe apreciarse el estoicismo del apóstol Pablo, al hablar del escabroso tema de la pecaminosidad yacente en el ser humano transformado, y su lucha permanente para obedecer al Espíritu Santo. Y describir todo en primera persona, como si él fuera el más terrible pecador, es decir no colocar las faltas en sus lectores. ¿Tendremos nosotros el mismo valor para aplicarnos la Palabra en primera persona, antes de pensar en los demás?

Válgase la saludable repetición de esta meditación.

ROMANOS

CAPÍTULO 8

Viviendo en el Espíritu (Ro 8:1-27)

Nota preliminar: Para tener un mejor entendimiento del capítulo 8 de Romanos se necesitan comprender los dos capítulos anteriores. El capítulo 6 trata del estado actual de todo aquel que ha experimentado una salvación genuina: la garantía de su victoria sobre el pecado. Por lo tanto, no somos ya esclavos del pecado (Ro 6:15-18), nuestro viejo hombre ha sido crucificado (Ro 6:6) y es necesario "considerarnos muertos" al poder de éste (Ro 6:11). Esto último es un requisito esencial para lograr la victoria en la práctica. Es un requisito de fe. Creemos que Cristo nos ha hecho libertos del pecado, no para vivir bajo nuestros esfuerzos personales para alcanzar justicia sino convencidos de que Él fue todo suficiente para pagar el precio por nuestros pecados. En el capítulo siguiente, Pablo presenta un cuadro de todo aquel hijo de Dios que aún no ha muerto a la ley (vv.1-3). Esta muerte a la ley es indispensable (vv. 7-25) ya que si no se realiza siempre estarán luchando la vida carnal contra la espiritual.

Ahora Pablo nos habla de la vida en el Espíritu Santo. El capítulo 8 de Romanos es la cumbre de nuestra vida en la tierra, y un preludio de nuestra glorificación futura. Así, este capítulo es considerado uno de los más importantes en el entendimiento de la vida cristiana cotidiana.

8:1,2 *"Ahora, pues, ninguna condenación hay para los que están en Cristo Jesús, los que no andan conforme a la carne, sino conforme al Espíritu. ² Porque la ley del Espíritu de vida en Cristo Jesús me ha librado de la ley del pecado y de la muerte".*

La expresión *"ahora pues,"* nos habla de la solución que Dios da a la condición anterior. Evidentemente el hombre no nace de nuevo para continuar esclavizado al pecado (Ro 7:14). Dios envió su Espíritu para que la victoria alcanzada por Cristo en la cruz sea realmente efectiva en la vida de cada cristiano. El término *"ninguna condenación"*, habla de dos asuntos importantes:

Primero, habla de la ley condenatoria de Dios: todo aquel que nace, nace en pecado (Salmo 51:5; Ro 5:12), debido a la maldición heredada desde los inicios de la humanidad (Génesis Cap.3). Como consecuencia el hombre se ve "obligado a pecar" debido a la condición de su propia naturaleza. Pero si estamos en Cristo, no tenemos esa condenación, puesto que nuestra naturaleza ha sido cambiada, ahora somos nuevas criaturas en Cristo Jesús (2 Co 5:17), somos hechura suya en Él (Ef 2:10), Dios nos llama santos (Ef 2:19), y ya no estamos condenados a vivir una vida de miseria espiritual.

Segundo, se refiere a las consecuencias del pecado, a la maldición de éste (p.ej. Deut 28), como enfermedad y angustia derivadas de una vida pecaminosa. El Señor pagó el castigo de nuestra paz y por sus llagas fuimos sanados (Isaías 53:5).

"Estar en Cristo" significa no andar conforme a la carne, sino conforme al Espíritu. Pablo revela cual es la ley a la que todo cristiano debe estar sujeto, a la ley de Espíritu de vida en Cristo. Ésta es la ley de fe en los méritos del Señor que da por concluida de una vez por todas el régimen de la ley del pecado y de la muerte en el creyente. Expresa que, si andamos en el Espíritu, el pecado no puede enseñorearse de nosotros (Ro 6:14) y tampoco experimentaremos la forma como el pecado paga: la muerte (Ro 6:23).

8:3,4 *"Porque lo que era imposible para la ley, por cuanto era débil por la carne, Dios, enviando a su Hijo en semejanza de carne de pecado y a causa del pecado, condenó al pecado en la carne;* ⁴ *para que la justicia de la ley se cumpliese en nosotros, que no andamos conforme a la carne, sino conforme al Espíritu".*

Pablo nos dice que una vida sin pecado jamás se alcanzará por medio de la observancia de ley, por más minuciosa y diligente que ésta se realice. ¿Por qué? Porque la ley de Dios, que es perfecta (Sal. 19:7), se debilita a causa de la naturaleza caída del ser humano. El proceso de la vida en el Espíritu comenzó cuando Dios el Padre envió a su Hijo al mundo, en *"semejanza de carne de pecado y a causa del pecado, condenó al pecado en la carne".* ¿Qué significa? Que Cristo vino al mundo en un cuerpo humano como el nuestro, que vivió una vida sin pecado (Hebreos 4:15), y al convertirse en pecado por nosotros en la cruz (2 Co 5:21) dio por terminado el régimen de la ley del pecado en el ser humano. Ahora los beneficios de vivir cumpliendo la ley de Dios (por ejemplo, Dt 29:1-13), son alcanzados por todo creyente, siempre y cuando éste se mantenga viviendo en el Espíritu (v. 4).

8:5-8 *"Porque los que son de la carne piensan en las cosas de la carne; pero los que son del Espíritu, en las cosas del Espíritu.* ⁶ *Porque el ocuparse de la carne es muerte, pero el ocuparse del Espíritu es vida y paz.* ⁷ *Por cuanto los designios de la carne son enemistad contra Dios; porque no se sujetan a la ley de Dios, ni tampoco pueden;* ⁸ *y los que viven según la carne no pueden agradar a Dios".*

Una de las principales características de aquellos que andan en el Espíritu es que piensan en las cosas del Espíritu. La mente se convierte así en el exhibidor, ya sea del andar en el Espíritu o bien del andar en la carne. Pablo detalla aún más este asunto en Filipenses 4:8 cuando dice: *"Por lo demás, hermanos, todo lo que es verdadero, todo lo honesto, todo lo justo, todo lo puro, todo lo amable, todo lo que es de buen nombre; si hay virtud alguna, si algo digno de alabanza, en esto pensad".*

El andar en la carne se caracteriza por una búsqueda constante de los apetitos placenteros que produce la naturaleza pecaminosa. Es una vida de egoísmo, hedonista, y sin trascendencia eterna. Busca lo material, la belleza de lo externo, aunque dentro tan sólo existan huesos de muertos (Mateo 23:27). Por otro lado, el andar en el Espíritu se caracteriza por una búsqueda constante de los valores eternos, de la amistad con Dios, y de todo aquello que a Él le produce gozo. Es decir, una vida centrada en agradar a Dios y no agradarse a sí mismo (Ro 15:1; Gá 1:10; 6:12).

Se trata entonces de una ocupación (v. 6), una inversión de tiempo. El tiempo, un recurso no renovable, irrecuperable y tremendamente escaso, es aquello que brindamos a Dios en ofrenda viva (Rom 12:1). Todo aquel que anda en el Espíritu se niega a dedicar tiempo a cualquier actividad carnal. Luego nos dice que "*todos los designios* (pensamiento, o propósito del entendimiento, aceptado por la voluntad, de *la carne son enemistad contra Dios; porque no se sujetan a la ley de Dios, ni tampoco pueden*". Por esto no podemos engañarnos al pensar que alguna obra de la carne pueda al final ser medio para agradar a Dios (v. 8). Categóricamente, todo aquel que ocupa tiempo en las cosas de la carne es descalificado por Dios, porque lucha solo, *porque tampoco puede*.

8:9,10 "*Mas vosotros no vivís según la carne, sino según el Espíritu, si es que el Espíritu de Dios mora en vosotros. Y si alguno no tiene el Espíritu de Cristo, no es de Él. ¹⁰ Pero si Cristo está en vosotros, el cuerpo en verdad está muerto a causa del pecado, mas el espíritu vive a causa de la justicia*".

Estos versículos son una confesión de fe muy poderosa, nos dicen que, por haber invitado a Cristo a nuestro corazón y que desde ese momento viva el Espíritu Santo en nosotros tenemos el poder para andar en el Espíritu. Este es un privilegio solo de los cristianos.

¿Hay diferencia entre "andar" y "vivir" en el Espíritu? *"Vivir"*, en este sentido, es tener una conciencia de existencia, mientras que "andar" significa "militar", "marchar como un soldado". Lo primero implica estática, mientras lo segundo dinámica. Por lo tanto, estos versículos nos dicen que tenemos el poder de Dios para militar en el Espíritu mediante la fe. Si hubo una salvación genuina en nosotros, el cuerpo en verdad está muerto a causa del pecado, ya no utilizamos los miembros del cuerpo como instrumentos de iniquidad (Ro 6:13), *a fin de que no sirvamos más al pecado* (Ro 6:6) ¡Ahora nuestro espíritu vive para revelar la justicia de Dios!

8:11-13 "*Y si el Espíritu de aquel que levantó de los muertos a Jesús mora en vosotros, el que levantó de los muertos a Cristo Jesús vivificará también vuestros cuerpos mortales por su Espíritu que mora en vosotros. ¹² Así que, hermanos, deudores somos, no a la carne, para que vivamos conforme a la carne; ¹³ porque si*

vivís conforme a la carne, moriréis; mas si por el Espíritu hacéis morir las obras de la carne, viviréis".

El versículo 11 nos dice que, el Espíritu de Dios que mora en nosotros desde nuestra conversión es poderoso, no sólo para mantener nuestro andar en el Espíritu, también para vivificar nuestro cuerpo. Todo cristiano debe creer firmemente que el Espíritu Santo da vida a su cuerpo físico y si es necesario también le sana de sus enfermedades. Estas tremendas bendiciones nos hacen deudores a Dios (v. 12), pues al vivir en la carne obtendríamos muerte (v. 13). Pablo también nos da la clave para vencer la carne: Vivir en el Espíritu (Gálatas 5:22-23; 5:19-21). En tanto nos negamos a nosotros mismos (Lc 9:23) y nos ocupamos del Espíritu (Fil 2:12), la carne se mantendrá a raya, cauterizada y sin acción en nosotros.

8:14 *"Porque todos los que son guiados por el Espíritu de Dios, éstos son hijos de Dios". Nadie puede pretender ser hijo de Dios sino tiene la dirección del Espíritu Santo".*

> **Para meditar:** Encontramos tres verdades en este versículo:
>
> 1. El Espíritu Santo es el guía divino. Todo hijo de Dios recibe la gran bendición de su sublime dirección y el consejo del Espíritu Santo para hacer lo recto delante de Dios.
>
> 2. El Espíritu nos guiará como a Él le plazca (Jn 3:8) y siempre por sendas de justicia (Salmo 23:3). Algunas veces estas sendas se mostrarán como un *valle de sombra de muerte* (23:4), y otras como un desierto (Mateo 4:1); pero aquel que anda en el Espíritu obedece a la voz de Dios y marcha hacia donde Él le guíe.
>
> 3. El mismo Espíritu que nos guía a lugares donde encontramos temores y ansiedades, es quien produce la paz que sobrepasa todo entendimiento (Fil 4:7). Por lo tanto, en Él siempre encontraremos seguridad y vida plena.

8:15-17 *"Pues no habéis recibido el espíritu de esclavitud para estar otra vez en temor, sino que habéis recibido el espíritu de adopción, por el cual clamamos: ¡Abba, Padre! ¹⁶ El Espíritu mismo da testimonio a nuestro espíritu, de que somos hijos de Dios. ¹⁷ Y si hijos, también herederos; herederos de Dios y coherederos con Cristo, si es que padecemos juntamente con Él, para que juntamente con Él seamos glorificados".*

Podemos tener la plena seguridad de los tiernos cuidados de Dios y del Espíritu Santo. Pablo dice que el Espíritu Santo nos otorga la condición de hijos y no de esclavos (Gálatas 4:7). Un esclavo hace por necesidad –y en temor– lo que el amo le ordena, va a dónde se le indica, aún en contra de su voluntad. En cambio, la dirección que da el Espíritu es en amor, tratándonos como hijos. La palabra *"aba"* significa "padre" en arameo, por lo que la expresión *"abba padre"* alude a la manera repetitiva y tierna como un niño tiende a llamar a su padre. El hijo de Dios puede tener plena confianza en las instrucciones que para bien le da el Espíritu y debe obedecer como un niño a su padre.

El gran apóstol nos da más información del trato del Espíritu Santo con nosotros al revelar que Dios, mediante su Espíritu, emite a nuestro espíritu humano su testimonio. Ésta es una de las evidencias que demuestran nuestra salvación. La condición de hijos de Dios nos convierte en herederos de todas las riquezas de nuestro Padre celestial (v. 17) siendo coherederos con Cristo mismo; pero existe una condición para gozar tan inconmensurables bendiciones: padecer juntamente con Cristo. Evidentemente este padecimiento está íntimamente ligado a la dirección del Espíritu, para que, así como Cristo padeció en la carne (1 P 3:16-18), nosotros también padezcamos al hacer el bien y la obra de Dios. Toda persona que desea vivir piadosamente en Cristo Jesús habrá de padecer (2 Ti 3.12), pero esa es una condición indispensable para nuestra glorificación.

Es aquí donde Pablo nos presenta el cuadro completo de las implicaciones del andar en el Espíritu:

- Lucha constante con la carne.
- Sumisión al Espíritu.
- Dirección de Dios.
- Padecimiento por la justicia y por el nombre de Jesús (Mt 5:10-12).
- Herencia completa en Dios y nuestra glorificación como recompensa.

8:18 *"Pues tengo por cierto que las aflicciones del tiempo presente no son comparables con la gloria venidera que en nosotros ha de manifestarse".*

Esta afirmación es una maravillosa manera de describir el valor de nuestra obediencia al Espíritu sin importar cualquier implicación. Quien anda en el Espíritu es capaz de comprender la temporalidad de las cosas terrenas y de lo efímero que significa cualquier lapso de sufrimiento por el Señor, pues, aunque fueran cien años, jamás se compararán, ni con el carácter inmensamente superior del galardón, ni con el tiempo infinito de su goce.

8:19-22 *"Porque el anhelo ardiente de la creación es el aguardar la manifestación de los hijos de Dios. ²⁰ Porque la creación fue sujetada a vanidad, no por su propia voluntad, sino por causa del que la sujetó en esperanza; ²¹ porque también la creación misma será libertada de la esclavitud de corrupción, a la libertad gloriosa de los hijos de Dios. ²² Porque sabemos que toda la creación gime a una, y a una está con dolores de parto hasta ahora".*

El Apóstol abre el panorama descriptivo y precisa las implicaciones de nuestra vida de santidad. No sólo atañe a nosotros mismos sino a toda la creación de Dios. Nos dice que, venida la glorificación de los hijos de Dios debido a su andar en el Espíritu, la creación toda alcanzará libertad también. Mientras esto no suceda, la creación padece, está sujeta a esclavitud, gime, y está con dolores de parto –figura que acentúa su gran dolor–. La creación fue sujetada por Dios a causa del pecado del hombre, pero con la esperanza de su liberación, cuando los hijos de Dios sean glorificados. Es por eso que *esperamos, según sus promesas, cielos nuevos y tierra nueva, en los cuales mora la justicia (2 P. 3.13).*

8:23-25 *"y no sólo ella, sino que también nosotros mismos, que tenemos las primicias del Espíritu, nosotros también gemimos dentro de nosotros mismos, esperando la adopción, la redención de nuestro cuerpo. 24 Porque en esperanza fuimos salvos; pero la esperanza que se ve, no es esperanza; porque lo que alguno ve, ¿a qué esperarlo? 25 Pero si esperamos lo que no vemos, con paciencia lo aguardamos".*

Esta esperanza, no sólo es aguardada por la creación, sino por todos aquellos que andan en el Espíritu. Esta "esperanza" que es la vida eterna, Dios la deposita en cada hombre en el momento de su nuevo nacimiento (Tito 1:2; 3:7). La esperanza tiene que ver con algo futuro, aunque inminente. Somos salvos ahora (Jn 3:36), pero a la vez tenemos una esperanza de vida eterna. Esto significa que, aunque tenemos ahora la vida eterna por la fe en Jesucristo, habremos de mantenernos en esa fe, y en ese andar en el Espíritu, para alcanzar nuestra final glorificación (1 P 1:5; 1 Ts 5:9). La esperanza nos hace gemir dentro de nosotros, pues aún nuestro cuerpo físico anhela ese total descanso en Dios. La glorificación se refiere al día en que nuestro cuerpo físico, durante el arrebatamiento de la iglesia, sea transformado o sea resucitado con los que durmieron en Cristo (1 Ts 4:16-17) y hecho semejante al cuerpo del Señor (Fil 3:21).

Pablo explica lo que significa la "esperanza": es una especie de fe con mirada hacia el futuro en donde el creyente aguarda con paciencia (Hebreos 11:1) aquello que se le ha prometido (Hebreos 10:23). El apóstol Santiago nos hace la misma recomendación de mantener esa esperanza (Stg 5:7, 8).

8:26,27 *"Y de igual manera el Espíritu nos ayuda en nuestra debilidad; pues qué hemos de pedir como conviene, no lo sabemos, pero el Espíritu mismo intercede por nosotros con gemidos indecibles. 27 Mas el que escudriña los corazones sabe cuál es la intención del Espíritu, porque conforme a la voluntad de Dios intercede por los santos".*

Estos versículos tratan de la dinámica del Espíritu Santo en todo aquel que anda en Él y que ha sido *bautizado en Él*. Quien anda en el Espíritu gime por la redención final, pero quien ha sido bautizado en el Espíritu, tiene al Espíritu de Dios quien gime dentro de él. Cabe aquí la oración en el Espíritu de la que habla Judas (Judas 1:20) y Pablo (Ef 6:18). Esa oración en el Espíritu (en lenguas) es un gemir dentro de nosotros. Pablo nos da la clave para mantener el andar en el Espíritu: dar lugar a la intercesión apasionada del mismo Espíritu, dentro de nosotros, por todo aquello que nos conviene conforme a la voluntad de Dios.

> **Para meditar:** El pasaje nos enseña:
>
> 1. Que el Espíritu acude en nuestro auxilio en momentos de debilidad, cuando estamos a punto de apartarnos de la voluntad de Dios debido a la tribulación.
>
> 2. Que no sabemos qué pedir, ni cómo pedir en momentos cruciales.
>
> 3. Que el Espíritu intercede por nosotros (aquí se implica la oración en el Espíritu).
>
> 4. Que tal intercesión será para que no nos desviemos de la voluntad de Dios.
>
> 5. Que esto ocurre con toda persona que vive en santidad (intercede por los santos).

Se puede dividir el capítulo 8 de Romanos en dos partes: vv. 1-27 y vv. 28-39. La primera sección habla de la vida y andar en el Espíritu con sus implicaciones. La segunda trata del resultado de este andar: Una vida en Victoria.

Más que vencedores (Ro 8:28-39)

8:28-30 "Y sabemos que a los que aman a Dios, todas las cosas les ayudan a bien, esto es, a los que conforme a su propósito son llamados. ²⁹ Porque a los que antes conoció, también los predestinó para que fuesen hechos conformes a la imagen de su Hijo, para que Él sea el primogénito entre muchos hermanos. ³⁰ Y a los que predestinó, a éstos también llamó; y a los que llamó, a éstos también justificó; y a los que justificó, a éstos también glorificó".

Los que aman a Dios saben que: *"todas las cosas les ayudan a bien".* ¿Quiénes son los que aman a Dios? Son aquellos llamados por Dios para cumplir su propósito, los que no viven para sí, sino para Dios, los que su vida entera se convierte en fracciones importantes de los proyectos divinos, en donde cada vivencia/experiencia tiene su función y coopera en la sinergia del proyecto todo. Es por ello, que aun aquellas cosas que momentáneamente hagan llorar y sufrir, si son dentro del andar en el Espíritu, son necesarias para el cumplimiento del propósito pleno de Dios en ellos.

"a los que conforme a su propósito son llamados". ¿Cuál es el propósito de Dios? Inicia desde el principio mismo del plan de Dios para la humanidad, ubicándose, desde antes de la fundación del mundo (Ef 1: 4; 1 P 1:20). Allí, el Señor pensó en la humanidad y creó el plan de redención por medio de Cristo. Su llamamiento fue primeramente al pueblo judío (Mt 10: 5-6; 15:24), pero diseñado para ser extendido a todo el mundo (Jn 3.16) y particularizado a todos los que creen al mensaje del evangelio (Jn 1:11-12; Hch 13:39; Ro 1:16; 10:4). Luego, justificó a los que creyeron (Ro 4: 5), haciéndolos candidatos para la glorificación (v.30), como nos dice antes, *si es que padecemos juntamente con él* (Ro 8:17).

Nota doctrinal: La connotación en tiempo pasado de los verbos *"conoció, predestinó, llamó, justificó y glorificó"* es porque Dios quien es atemporal, ve el final de los tiempos juntamente con el principio de ellos.

El propósito divino se centra en que toda la humanidad sea conforme a la imagen de su Hijo (a los que conoció y predestinó, v. 29). Este designio se alcanza con el arrepentimiento y la fe, requisitos indispensables de la salvación, y el andar en el Espíritu. De esta manera, Cristo se convierte en el primogénito de todos aquellos que viven para Dios y que por la fe andan en el Espíritu. La vida de Cristo nos demuestra que un ser humano puede vivir cada día de su vida andando en el Espíritu mediante la fe y que es posible cumplir totalmente el plan de Dios para su vida en particular. Jesús es el precursor de la vida victoriosa que da el Espíritu Santo. Es posible llevar tal estilo de vida, ya que no depende del poder humano sino del Espíritu de Dios. Jesucristo dijo: *"mi yugo es fácil y ligera mi carga"* (Mt 11:30) Si esta clase de vida fuera por méritos humanos sería inalcanzable.

8:31,32 *"¿Qué, pues, diremos a esto? Si Dios es por nosotros, ¿quién contra nosotros? 32 El que no escatimó ni a su propio Hijo, sino que lo entregó por todos nosotros, ¿cómo no nos dará también con él todas las cosas?".*

Pablo, conforme a su estilo hace una serie de preguntas, (la hermenéutica llama a este sistema de disertación: figura retórica de interrogación) las cuales tienen que ver con todo aquello que trata de impedir que andemos en el Espíritu y nos adueñemos de la glorificación futura. Alude a los enemigos del cristiano, particularmente, al reino de las tinieblas.

Si Dios es por nosotros, ¿quién contra nosotros? ¿Acaso temeremos a caer de la gracia de Dios? ¿Acaso habrá algún agente de las tinieblas que pueda hacernos tropezar en cuanto al cumplimiento del plan divino en nuestras vidas? También nos dice que tenemos recursos de provisión de Dios para vencer en nuestra lucha y para el cumplimiento de nuestra misión, puesto que Aquel que estuvo dispuesto a darnos su propio Hijo, nos dará también con Él todas las demás cosas. Estas *"demás cosas"* no se refieren, por su puesto, a todas las cosas en el sentido de satisfacer caprichos egoístas, sino sólo a aquello que sea parte del propósito de Dios para nuestra vida (Jn 15:7, Sal 37:4).

8:33-36 *"¿Quién acusará a los escogidos de Dios? Dios es el que justifica. 34 ¿Quién es el que condenará? Cristo es el que murió; más aun, el que también resucitó, el que además está a la diestra de Dios, el que también intercede por nosotros. 35 ¿Quién nos separará del amor de Cristo? ¿Tribulación, o angustia, o persecución, o hambre, o desnudez, o peligro, o espada? 36 Como está escrito: Por causa de ti somos muertos todo el tiempo; Somos contados como ovejas de matadero".*

Pablo describe en breve la actividad de nuestro enemigo: acusar (v 33), como también Juan lo llama, *"el acusador de los hermanos"* (Ap 12:10). Sin embargo, su acusación es anulada, pues quien nos hace justos es Dios. Es ahí precisamente donde consiste el engaño del diablo. No en que tenga razón en sus acusaciones, sino que puede hacernos pensar que somos indignos, impuros e imperfectos; aun habiendo lavado nuestras ropas en la sangre de Cristo (Ap 7:14), y esa sangre preciosa, es la que nos limpia de todo pecado (1 Jn 1:7). Además, somos guardados por su poder (1 Jn 5:18), y al vestirnos del nuevo hombre somos criaturas según Dios en la justicia y santidad de la verdad (Ef 4:24).

Otro intento más de nuestro enemigo es condenarnos. Pero Pablo ya lo había dicho al principio, *"ninguna condenación hay para los que están en Cristo Jesús..."*, y ahora lo enfatiza añadiendo, **"Cristo es el que murió; más aún el que también resucitó, el que además está a la diestra de Dios, el que también intercede por nosotros"**. Al morir nos salvó de nuestros pecados y nos sanó (1 P 2:24; Is 53:5); al resucitar nos trajo a la vida nueva del Espíritu (Ro 6:4), haciéndonos capaces de dar fruto para Dios (Ro 7:4); y al subir a la diestra del Padre, Cristo depositó en nosotros la esperanza de gloria (Jn 14:3; Col 1:27). Se menciona también que no sólo es el Espíritu Santo quien intercede por nosotros "con gemidos indecibles", sino Cristo mismo al estar a la diestra de Dios.

8:37 *"Antes, en todas estas cosas somos más que vencedores por medio de aquel que nos amó".*

Este versículo nos da la garantía de una victoria constante contra las fuerzas del enemigo debido a que Cristo ya ganó la guerra por nosotros; por eso prometió a sus seguidores *"confiad, yo he venido al mundo"* (Jn 16:33). No que estaríamos sin luchas, sino que en nuestras luchas nuestra fe siempre habrá de triunfar si nos mantenemos en el Señor (Jn 15:4), el gran Vencedor. La expresión *"más que vencedor"* (gr. *hypernikaōs*) se refiere a aquel que obtiene más que una simple victoria. Es decir, quien obtiene una victoria aquí obtiene gloria y un botín cuya trascendencia es temporal, la gloria es efímera y el botín temporal (1 P 1:24); sin embargo, nuestras victorias en Cristo tienen trascendencia eterna, y cada vez que vencemos cosechamos *un cada vez más excelente y eterno peso de gloria* (2 Co 4:17). Ciertamente hemos de luchar, pero *confiad*, –dice Cristo–, porque tenemos ya la victoria garantizada sobre todas nuestras aflicciones y luchas en este mundo por medio de la fe en Él.

8:38,39 *"Por lo cual estoy seguro de que ni la muerte, ni la vida, ni ángeles, ni principados, ni potestades, ni lo presente, ni lo por venir, ³⁹ ni lo alto, ni lo profundo, ni ninguna otra cosa creada nos podrá separar del amor de Dios, que es en Cristo Jesús Señor nuestro".*

El apóstol menciona *"la vida"* en referencia a las cosas tentadoras que este mundo ofrece: el éxito material, la exaltación de la persona, las glorias aquí.... luego menciona *"ángeles* [malignos], **principados, y potestades"**, es decir, las huestes de maldad en las regiones celestes (Ef 6:12); aquellos ataques frontales del reino de las tinieblas: choques de poder, conjuros, hechizos, maldiciones, etc. Llámese también, magia, ocultismo, espiritismo, espíritus causantes de toda una sarta de condiciones deplorables en nuestra contra, ya sea de inmoralidad, de divisiones, de celos, contiendas, iras. etc.

También condiciones meteorológicas adversas, tormentas en alta mar, lluvias torrenciales, nieve y granizo; también averío de máquinas y ataques directos de personas poseídas por demonios, etc. Imposible sería enlistar todo, por eso el Apóstol recurre a generalizar diciendo: **Ni lo presente.... Ni lo porvenir, ni ninguna cosa creada**. Ninguna de estas cosas puede separarnos del amor de Dios, si cada uno de nosotros nos mantenemos unidos a Cristo (Jn 15:1-7). Es por tanto nuestra fe la que vence al mundo (1 Jn 5:4) y al reino de las tinieblas (1 Jn 2:13; 4:4); mientras que a los apetitos de carne los hacemos morir (Col 3:5), al no proveer para ellos (Ro 13:14). Nuestra victoria consiste, como también es resumido en Apocalipsis 12:11, *"por medio de la sangre del Cordero.*

ROMANOS

CAPÍTULO 9

La elección de Israel (Ro 9:1-29)

Nota preliminar: uno de los atributos de nuestro Dios es su soberanía. Dios es soberano en sus formas, sus tiempos, y sus métodos. Eligió a Israel para que fuera una nación de su especial predilección. Su especial tesoro (Éx 19:5), un pueblo único (heb *Cĕgullah*, peculiar), que le sirviera y fuera el canal que Él usara para la bendición de todas las naciones (Gn 22:18).

En el capítulo 8 Pablo termina hablando de todos los privilegios que el creyente recibe mediante Cristo, por el hecho de haberse arrepentido y creído en Él. Así mismo que mediante su gracia hemos recibido el Espíritu y hechos semejantes a Él mismo. También enfatiza que si se camina en el Espíritu, nada ni nadie nos podrá separar del amor de Dios en Cristo Jesús.

Ahora Pablo amplía esa elección soberana, en los capítulos 9, 10 y 11.

9:1,2 "Verdad digo en Cristo, no miento, y mi conciencia me da testimonio en el Espíritu Santo, ² que tengo gran tristeza y continuo dolor en mi corazón".

Pablo, primero que todo, apela a la verdad de sus aseveraciones. Buscando siempre una armonía entre lo espiritual y racional con lo emocional, bajo el control del Espíritu Santo. "El Espíritu de verdad" (Jn 14:17), gobernaba a Pablo y le impulsaba a decir y hacer cosas, pero también a sentir cosas, quizá inusuales para muchos, y por ello la acentuación de su dicho –*no miento*– y la gravedad de su tono.

El Espíritu trabaja con el hombre a través de la conciencia, como un termómetro moral que Dios ha puesto en el ser humano. El filtro de discernimiento natural del bien y del mal que poseemos todos, pero que entre los más santos, y con mayor cercanía al Señor, está más desarrollado.

Le causaba *tristeza y continuo dolor* a Pablo (v. 2) la incredulidad de su pueblo. Al tiempo que el gozo de Dios le gobernaba (2 Co. 7:4), el apóstol de los gentiles sufría. Lo que demuestra que es posible tener gozo en medio de las aflicciones, dolores y afrentas.

Para meditar: ¿Se puede tener tristeza y gozo al mismo tiempo? Sí, como se observa en Pablo y en la experiencia de cada uno. Ello nos dice que el verdadero hijo de Dios se duele por las almas perdidas, cada vez que el Espíritu le recuerda, o que les ve en el transitar de la vida, sintiendo tristeza y compasión por ellas (Mt 9: 36). Es recompensado con gozo, cuando ve a las almas rendirse a Cristo, fruto de su intercesión y agonía.

9:3 *"Porque deseara yo mismo ser anatema, separado de Cristo, por amor a mis hermanos, los que son mis parientes según la carne".*

Pablo revela más específicamente a quienes se refiere: a sus parientes, a sus hermanos de sangre. Sabía cuál es el fin de todo aquel que no obedece al evangelio (2 Ts 1:8; 1 P 4:17), y por ello su espíritu se aflige.

Tenía costumbre, como el mismo Cristo también (Lc 4:16), de predicar en las sinagogas, lo cual hizo desde el momento de su conversión al Señor (Hch 9:20). Tanta era la pasión del Apóstol, y su lucha porque los israelitas fueran salvos, que fue capaz de decir que estaba aún dispuesto a pasar la eternidad en el infierno, si semejante trato fuera posible, con tal de que sus parientes se unieran al Señor.

Algo así había ya dicho Moisés: *"Te ruego, pues este pueblo ha cometido un gran pecado, porque se hicieron dioses de oro, ³³ que perdones ahora su pecado, y si no, ráeme ahora de tu libro que has escrito"* (Éx 32: 31-33). Cosa que sabemos Dios jamás lo haría, en obediencia a su trato estrictamente individual y a su juicio imparcial absoluto. Así, contesta a Moisés: *"Al que pecare contra mí, a éste raeré yo de mi libro".* (Éx. 32: 33).

9:4 *"que son israelitas, de los cuales son la adopción, la gloria, el pacto, la promulgación de la ley, el culto y las promesas".*

Aquí ratifica las virtudes de su pueblo, aquello que le hacía único entre todas las naciones.

a. Dice primero que de los israelitas viene la adopción, queriendo decir con ello, que los israelitas fueron los primeros que Dios adoptó como sus hijos (Oseas 11:1; Éx 4:22). La adopción fue aplicada en primera instancia a Israel naturalmente, luego fue en sentido espiritual para todos aquellos que creen en Cristo. Israel es la sombra de lo real, de lo perenne y eterno circunscrito al evangelio. La vida de Israel contiene tipos relevantes y figuras, que se aplican a la iglesia hoy.

b. Habla también de la gloria. Lo cual se refiere principalmente a la gloria que presenció Israel en el monte Sinaí (Éx. 20:18; 24:16-17). También se refiere a la gloria que Dios mostró al término de la construcción del tabernáculo de reunión en el desierto (Éx. 40:34) y luego a su gloria en el templo de Salomón (2 Crónicas 7:1-2) y a la gloria prometida respecto al segundo templo (Hageo 2:9). Y desde luego, se refiere a la gloria de Dios en Cristo en su advenimiento (Isaías 60:1) y hasta su plenitud en su reinado milenial (Isaías 11:1-9, Habacuc 2:14).

c. El pacto y los pactos. Refiriéndose al pacto que Dios hizo primero con Abraham respecto a Cristo, que en Él serían benditas todas las naciones de la tierra (Gn 22:18; 26:4). Este pacto se extiende a los patriarcas (Ex 2:24). Luego Dios pactó con Israel (respecto a Canaán, Éx. 6:4 y respecto a la ley, Éx. 34:10). Todo lo que respecta a los pactos de Dios con Israel apunta a Cristo mismo, con quien nosotros hemos hecho un pacto eterno en su sangre (1 Cor 11:25; Heb 9:18; 12:24; 13:20).

d. La promulgación de la ley. La ley de Moisés, consistente en los diez mandamientos, escritos por el dedo de Dios en tablas de piedra (Éx. 24: 12; 31:18; Dt 4:13; 9:11; 2 Cor 3:3) y otras leyes diversas contenidas en el pentateuco y a través del Antiguo Testamento. Los judíos han enumerado los mandamientos del Antiguo Testamento.

Nota histórica: el más famoso compendio es el llamado "Talmud" consistente en 613 mandamientos, 365 negativos (es decir, lo que no se debe hacer) y 248 positivos (lo que se debe hacer). Los judíos los leen cada sábado en sus sinagogas, considerándolos de igual valor que el Pentateuco dado por Moisés, pues es un compendio de las interpretaciones rabínicas a través de los siglos, transmitidas en forma oral antes de Jesús; y en forma escrita, después de que el Templo de Jerusalén fue destruido por los romanos y comenzó la diáspora judía.

De todo lo mencionado en la ley de Dios en el A.T. los cristianos aceptamos lo ratificado por Cristo en el N.T., principalmente lo que respecta al concepto global de amar a Dios y al prójimo (Mt 22:35-40). Desde luego la ley fue cumplida por Cristo para ser instaurada como la ley del Espíritu, escrita, ya no en tablas de piedra, sino en el corazón humano (2 Cor 3:3). A esta ley también se le llama, "la ley de Cristo" (1 Cor 9:21; Gá 6:2). Pablo la experimentó como un ayo que le guió a Cristo (Gá 3:24), y la representa como un niño que habría de crecer para ser heredero (Gá 4:1).

e.-Pablo también dice que el culto a Dios proviene de los judíos. Esto pudiera tener tres acepciones, la primera refiriéndose a las ordenanzas dadas directamente dadas por Dios a los sacerdotes en cuanto a sus formas de adoración, que han conservado por milenios (1 Crónicas 15:16; 23:4,5) La segunda se aplicaría al culto de alabanza y adoración que el cristiano debe mantener cada día en su espíritu. Y la tercera, a los cultos semanales dentro de los templos que expresan con cantos, oraciones y exposición de la Palabra, la adoración corporativa de la iglesia (1 Corintios 14:26).

f. Finalmente se mencionan las promesas. Muchas de ellas ya se han cumplido y otras se cumplirán en el futuro en el tiempo de Dios. El pueblo cristiano ha disfrutado plenamente el cumplimiento de la promesa en la persona de Jesús el Cristo, Salvador y Dios, como lo expresa en el siguiente texto.

9:5 *"De quienes son los patriarcas, y de los cuales, según la carne, vino Cristo, el cual es Dios sobre todas las cosas, bendito por los siglos. Amén".*

De Israel son los patriarcas (Abraham, Isaac y Jacob) y de quien, en cuanto al linaje humano, vino el Señor Jesús y del linaje de David (Jn 7:42), de quien hablaron los profetas (Lc 24:27). Aquí, en esta línea, aprovecha Pablo, hablando por el Espíritu Santo, para ratificar la divinidad del Señor Jesucristo, pues dice: "**el cual es Dios sobre todas las cosas, bendito por los siglos. Amén**".

9:6-9 *"No que la palabra de Dios haya fallado; porque no todos los que descienden de Israel son israelitas, ⁷ ni por ser descendientes de Abraham, son todos hijos; sino: En Isaac te será llamada descendencia. ⁸ Esto es: No los que son hijos según la carne son los hijos de Dios, sino los que son hijos según la promesa son contados como descendientes. ⁹ Porque la palabra de la promesa es esta: Por este tiempo vendré, y Sara tendrá un hijo".*

"No que la palabra de Dios haya fallado", quizá ante la pregunta racional subyacente, ¿qué sucedió entonces con la promesa de Dios? ¿Falló su Palabra? Ante esto, Pablo procede a explicar quiénes son los verdaderos israelitas.

En primer lugar, *"no todos los que descienden de Israel son israelitas"*. Grave declaración, porque habla de un linaje distinto al que todos estaban acostumbrados. Los judíos solían recurrir a "las genealogías interminables" (1 Ti 1:4) para soliviantar discusiones vanas y sin provecho (Tito 3:9), queriendo siempre ubicar a cada cual en su árbol genealógico. Pero ciertamente Pablo habla, no del ADN físico, sino del espiritual.

Luego para explicar el concepto empieza desde Abraham, aclarando que no todos los que Abraham engendró son llamados hijos. Ciertamente Abraham, según se observa en Génesis, tuvo más hijos además de Isaac: Ismael, de Agar la sierva (Gn 16:15); y otros más, de Cetura (Gn. 25:1-6). Pero únicamente *"en Isaac te será llamada descendencia"*. De esta manera, los hijos que Abraham tuvo según la carne no son los llamados hijos de Dios (a quienes luego se refiere el Señor, al instaurar a Israel), sino sólo al que nació en concordancia con la promesa que le fue dada a Sara, *"Por este tiempo vendré, y Sara tendrá un hijo"* (v. 9).

9:10-13 *"Y no sólo esto, sino también, cuando Rebeca concibió de uno, de Isaac nuestro padre ¹¹ (pues no había aún nacido, ni había hecho aún ni bien ni mal, para que el propósito de Dios conforme a la elección permaneciese, no por la obras sino por el que llama), ¹² se le dijo: El mayor servirá al menor. ¹³ Como está escrito: A Jacob amé, mas a Esaú aborrecí".*

La misma soberanía de Dios en cuanto a la elección de los hijos de Isaac, pues explícitamente Pablo explica que no había razón para excluir a Esaú aun antes de que naciera; ni la expresión "el mayor servirá al menor" tenía sentido bajo el tamiz de la cultura oriental, en donde era siempre el primogénito quien ostentaba los mayores privilegios. Sin embargo, Dios amó a Jacob desde antes de su nacimiento y a Esaú aborreció. Esta expresión de "aborreció", es una expresión muy hebraica que tiene su mayor sentido al entender una elección, es decir en otras palabras, "a Jacob elegí en lugar de a Esaú".

¿Por qué Dios eligió a Jacob? Todo esto recalca lo que es la soberanía de Dios. Por tanto, la línea de los hijos de Dios no continuaría con Esaú, aunque él también fue engendrado por Isaac, sino por Jacob exclusivamente.

9:14-18 *"¿Qué, pues, diremos? ¿Qué hay injusticia en Dios? En ninguna manera. 15 Pues a Moisés dice: Tendré misericordia del que yo tenga misericordia, y me compadeceré del que yo me compadezca. 16 Así que no depende del que quiere, ni del que corre, sino de Dios que tiene misericordia. 17 Porque la Escritura dice a Faraón: Para esto mismo te he levantado, para mostrar en ti mi poder, y para que mi nombre sea anunciado por toda la tierra. 18 De manera que de quien quiere tiene misericordia, y al que quiere endurecer, endurece".*

Surge entonces el cuestionamiento hipotético de que, si Dios es injusto o no, si la justicia consistiera, en este caso, en dar a cada uno el mismo tratamiento, es decir a Jacob y Esaú que nacieron del mismo vientre y casi al mismo tiempo. Se podría juzgar injusta la elección de Dios, inclusive, dado que Esaú era el primogénito. Sin embargo, Dios eligió soberanamente a Jacob, y no incurrió en injusticia. Ante tal pregunta –dice el Apóstol- *¡En ninguna manera!* Dios no es injusto y jamás lo será, sino que es su prerrogativa tener misericordia de quien Él quiera tenerla.

Luego se remite al caso paralelo de Faraón, a quien endureció el corazón para que no dejara ir al pueblo israelita (Éx 4:21). Evidentemente Dios tenía un propósito en ello: mostrar su poder al mundo y a todas las generaciones venideras.

Cuando la soberanía de Dios interviene no depende del que quiere, es decir, de la voluntad humana, ni del que corre, es decir, del que se esfuerza en alcanzar algo, sino de un acto meramente soberano de Dios. Así lo dice también Juan el Apóstol sobre los hijos de Dios, *"los cuales no son engendrados de sangre, ni de voluntad de carne, ni de voluntad de varón, son de Dios"* (Jn 1:13). Significa que Él es soberano en la proclamación de sus leyes, lineamientos y decretos, como legislador y soberano Rey del universo.

Por lo tanto, Dios es poderoso, en el misterio de su soberanía, de tener misericordia de quien quiere tener misericordia y endurecer a quien quiere endurecer (v. 18).

Para meditar: Puesto que Dios tiene la prerrogativa de endurecer o tener misericordia, es nuestro deber mantener una vida de ruego y de súplica por todos los hombres (1 Ti 2: 1. Léase también Mateo 9:38, en cuanto a nuestra responsabilidad para que surjan Obreros) para que la misericordia de Dios por medio de Cristo les alcance, pues la voluntad de Dios es que todos sean salvos (1 Ti 2:4). Se necesita así echar mano de la autoridad que como iglesia hemos recibido de Dios, pues nos dice Cristo: *"De cierto os digo que todo lo que atéis en la tierra, será atado en el cielo; y todo lo que desatéis en la tierra, será desatado en el cielo"* (Mt. 18:18).

9:19-21 *"Pero me dirás: ¿Por qué, pues, inculpa? porque ¿quién ha resistido a su voluntad? ²⁰ Mas antes, oh hombre, ¿quién eres tú, para que alterques con Dios? ¿Dirá el vaso de barro al que lo formó: ¿Por qué me has hecho así? ²¹ ¿No tiene potestad el alfarero sobre el barro, para hacer de la misma masa un vaso de honra y otro para deshonra?".*

Una vez más el Apóstol recurre a una forma de lenguaje hipotético al decir, *"¡oh, hombre!",* frase que no es común en otras epístolas. Se refiere al hombre, suponemos incrédulo, argumentando con Dios, sobre su justicia o injusticia. Y que no debería de culpar a aquellos de quienes soberanamente no quiso tener misericordia.

En primer lugar, según podemos observar en otras porciones de las Escrituras, la misericordia de Dios tiene sus requisitos. Por ejemplo, la Palabra declara: *"El que encubre sus pecados no prosperará; más el que los confiesa y se aparta alcanzará misericordia"* (Prov. 28:13). Aquí Dios recalca que es necesario confesar el pecado y apartarse de él para alcanzar la misericordia de Dios. En el caso del pueblo de Israel, cuando pecó con el becerro de oro, Moisés tuvo que interceder por el pueblo para lograr la misericordia de Dios (Éx 32:9-14). Muestra que los intercesores son escuchados.

En segundo lugar, Dios ha querido mostrar su misericordia con la humanidad por medio de Cristo (2 Co 4:1; Ef 2:4; Tito 3:5), por lo que el trono de la gracia para alcanzar tal misericordia está disponible, con todos aquellos que por la fe en Jesús se acercan a Él (Gá 3:26; Heb 4:16).

El Señor estableció sus requisitos para tener misericordia y todo aquel que los reúna alcanzará el favor de Dios. Estos requisitos fueron establecidos soberanamente por nuestro Señor.

Y en tercer lugar, como expresa Pablo, *"¿Quién eres tú para que alterques con Dios? ¿Dirá el barro al que lo formó: ¿Por qué me has hecho así?"* Ningún derecho tiene el individuo de altercar con Dios, siendo Él el Creador y nosotros sus criaturas, como lo expresó David: *"Él nos hizo y no nosotros a nosotros mismos"* (Salmo 100:3). Job empezó a cuestionar a Dios, pero el Señor lo reprendió y le dijo: *"Cíñete ahora como varón tus lomos; Yo te preguntaré, y tú me responderás"* (Job 40:7).

Para meditar: Es por tanto necesario que mantengamos siempre una actitud de sumisión al Señor, nos esforcemos por entender sus leyes y aquello que a Él le agrada y obedecerle en humildad. Hay recompensa divina para esa actitud de amor y reconocimiento.

9:22-24 *"¿Y qué si Dios, queriendo mostrar su ira y hacer notorio su poder, soportó con mucha paciencia los vasos de ira preparados para destrucción, ²³ y para hacer notorias las riquezas de su gloria, las mostró para con los vasos de misericordia que él preparó de antemano para gloria, ²⁴ a los cuales también ha llamado, esto es, a nosotros, no sólo de los judíos, sino también de los gentiles?".*

Parte sustancial de la naturaleza de Dios engloba su amor y clemencia, pero también su ira y justicia. Era natural que, teniendo el ser humano una libre voluntad, habría quienes se opusieran a sus designios. No que Dios creara a unos hombres malos y a otros buenos, ni que algunos fueran hechos para el mal y otros para el bien, -pues eso inhabilitaría su capacidad de elección-, no es así, pues la Biblia dice que Él da al hombre la capacidad de elegir (Gn 4:7; Dt 30:19; 11:26; Josué 24:15). Dios creó al hombre con la capacidad de elegir por él mismo. Sin embargo, aquí se habla de vasos de honra y vasos de deshonra, vasos de ira y vasos de misericordia. ¿Se debe creer entonces que hay quienes nacieron para recibir la ira de Dios? ¿Cómo conciliar esto?

Dentro del plan global de Dios, habría personajes que dictarían el curso de los eventos y un linaje especial, dado el pacto que Dios hizo con David (2 Samuel cap. 7). David dice, en sus últimas palabras: *"No es así mi casa para con Dios; sin embargo, Él ha hecho conmigo pacto perpetuo, ordenado en todas las cosas, y será guardado"* (2 Sam. 23:5). El mismo David sabía que ninguno de su casa cumplía en ese momento con el requerimiento divino, pero sabía que Dios cumpliría todo lo que prometió en su pacto con él.

Dios a lo largo de la historia, fue teniendo un trato especial para con aquellos que serían parte de su plan de redención. Todo esto es simplemente un acto soberano o un grupo de actos soberanos. Por otro lado, no debe entenderse que Dios creó a personas específicas para ser "vasos para ira" sino que Él preparó de antemano el método y los requerimientos para mostrar su ira (pues sabía que habría quienes desobedecieran), y el método y los requerimientos para su misericordia y bondad (pues habría quienes recibirían su palabra), pero partiendo del libre albedrio humano.

Por ejemplo. Dios eligió a Saúl para que fuera rey sobre Israel, pero él haciendo uso de su libre voluntad desobedeció y fue desechado. Por ello David le reemplazó. De ello dice la Biblia: *"Entonces David respondió a Mical: Fue delante de Jehová quien me eligió en preferencia a tu padre y a toda su casa, para constituirme por príncipe sobre el pueblo de Jehová"* (2 Samuel 6:21). Dios había dicho que Judá sería legislador (Gn 49:10). Pero no tenía que ser específicamente David, sino que nos dice la Escritura: *"He hallado a David hijo de Isaí, varón conforme mi corazón, quien hará todo lo que yo quiero"* (Hch 13:22). De otra manera no tendría sentido lo que dice: *"Porque los ojos de Jehová contemplan toda la tierra, para mostrar su poder a favor de los que tienen corazón perfecto para con Él"* (2 Cro. 16:9).

9:25-29 *"Como también en Oseas dice: Llamaré pueblo mío al que no era mi pueblo, y a la no amada, amada. ²⁶ Y en el lugar donde se les dijo: Vosotros no sois pueblo mío, Allí serán llamados hijos del Dios viviente".*

Pablo continúa hablando de la soberanía de Dios en la inclusión de los gentiles en el plan de salvación. Esto, desde luego, no era nada nuevo, ya había sido profetizado mucho tiempo atrás y confirmando vez tras vez a lo largo de las Escrituras. Dios había dicho a Abraham, *"en ti serán benditas todas las naciones de la tierra"* (Gn 22.18), y a David, *"Haré perpetua la alabanza de tu nombre en todas las generaciones, Por lo cual te alabarán los pueblos",* y esto, cientos de años antes del nacimiento de Oseas (quien nació aproximadamente en el 800 a.C.). Dios pondría por tierra la arrogancia étnica de los hijos de Israel, para que reconocieran que ellos eran simplemente un instrumento de Dios con respecto a su plan de alcanzar al mundo con el evangelio.

El pueblo que no era de Dios, que Él no había reclamado como propio, sería incluido en su plan de redención (v. 25), es decir, aquellos de entre los gentiles que gustasen la benignidad del Señor mediante la fe en Cristo Jesús serían "amados", pues, aunque Dios había dicho con respecto a Israel, *"con amor eterno te he amado; por tanto te prolongué mi misericordia"* (Jer. 31:3), Dios se había reservado otros "amados" de entre el pueblo gentil. Dios amó a Israel, y le tuvo compasión, como también dice en otro lugar, *"Pobrecita, fatigada con tempestad, sin consuelo;"* (Isaías 54:11). Sin embargo, ese amor de Dios se haría extensivo a todo el mundo, **"porque de tal manera amó Dios al mundo..."** (Juan 3:16).

Con todo esto, aunque la presencia de los gentiles que temían y adoraban al Dios viviente es evidente en el A.T., el término de hijos de Dios era exclusivo para los Israelitas. Sin embargo, Dios había profetizado que la situación sería distinta: que los gentiles (Oseas 1:10) también serían llamados hijos de Dios (Juan 1:11,12).

9:27-29 *"También Isaías clama tocante a Israel: Si fuere el número de los hijos de Israel como la arena del mar, tan sólo el remanente sería salvo;* ²⁸ *porque el Señor ejecutará su sentencia sobre la tierra en justicia y con prontitud.* ²⁹ *Y como antes dijo Isaías: Si el Señor de los ejércitos no nos hubiera dejado descendencia, como Sodoma habríamos venido a ser, y a Gomorra seríamos semejantes".*

Aquí Pablo habla de la gravedad espiritual de Israel y que Dios no alteraría su naturaleza justa por causa del amor con que había amado a Israel. Que aun si hubiera tan sólo unos pocos que fueran salvos, no por ello el Señor rebajaría sus estándares. Esto recuerda el pasaje que dice: *"Seguid la paz con todos, y la santidad, sin la cual nadie verá al Señor"* (Hebreos 12:14).

Para meditar: Con esto el Espíritu Santo nos recuerda que el estándar de santidad que Dios ha establecido no puede rebajarse; ni por el amor que Él nos tiene, ni por causa de la maldad en el mundo, ni por las nuevas modas y corrientes mundanas que imperan en nuestro tiempo, ni por causa de nuestra humana debilidad; pues aun si tan sólo unos pocos fueran salvos, no por ello Dios dejará de tener el mismo requerimiento..

Así, Él declara que tal y como sucedió con Israel, lo mismo podrá suceder con nosotros los gentiles. Israel estuvo a punto de ser exterminada del todo, tal y cómo sucedió con Sodoma y Gomorra, pero el Señor reservó para sí un remanente fiel (Is 10:22, 37:32). Y fue precisamente de ese remanente que vino nuestro Señor Jesús.

La justicia que es por fe (Ro 9:30-33)

9:30-33 *"¿Qué, pues, diremos? Que los gentiles, que no iban, tras la justicia, han alcanzado justicia, es decir, la justicia que es por fe; ³¹ mas Israel, que iba tras una ley de justicia, no la alcanzó. ³² ¿Por qué? Porque iban tras ella no por fe, sino como por obras de la ley, pues tropezaron en la piedra de tropiezo, ³³ como está escrito: He aquí pongo en Sión piedra de tropiezo y roca de caída; y el que creyere en Él, no será avergonzado".*

Esto lleva a una paradoja importante ante el razonamiento humano: la justicia alcanzada mediante la fe. Acostumbrados los seres humanos a pensar en términos de obras, Dios decretó que el ser humano fincara su salvación únicamente sobre el fundamento de la fe en Jesús. Este fundamento, esta piedra inconmovible, fue el tropiezo de los que iban y van, tras las obras como medio para alcanzar vida eterna. Israel tuvo la ley de Moisés y aun entre los más devotos, procurando el máximo apego a su obediencia, el no cumplir les trajo enorme frustración. Y es que se debía ir tras ella por fe (v.32) y no mediante los esfuerzos humanos.

Algunos héroes alcanzaron justicia por la fe (Heb 11:39), sobre los cuales el Espíritu Santo reposó (Lc 2.25; Prov 1:23, Mi 3:8, etc.). El mismo Jesús, cumplió la ley mediante la fe, pues Él, siendo el esplendor humano de una fe perfecta (Jn 11:42), lleno del Espíritu Santo, cumplió en su totalidad la ley (Mt 5:17). Por su parte, Israel, en su rebeldía contra Dios y creyéndose autosuficiente -como la inmensa mayoría de los seres humanos hoy-, esta misma ley, que era buena y recta (Ro 7:16, 1 Ti. 1:8), les fue para condenación.

La fe en Jesús, redime a los que por ella se acercan a Dios (Heb. 7:25). Ya de ello profetizó Simeón, aquel anciano que estuvo esperando la consolación de Israel: *"He aquí, éste está puesto para caída y para levantamiento de muchos en Israel,"* (Lc. 2:34). Esa profecía fue cumplida plenamente en Cristo.

ROMANOS

CAPÍTULO 10

Continuación–La justicia que es por fe (Rom 10:1-21)

Nota preliminar: este capítulo es una continuación de los comentarios que el apóstol Pablo viene desarrollando desde el capítulo 9. Continúa con el tema central de Israel y su contraste con el pueblo gentil. Habla de la salvación por fe, de su contraste con la justicia de la ley, así como de la predicación del mensaje evangelístico como el medio divino para que el ser humano alcance vida eterna.

10:1-3 *"Hermanos, ciertamente el anhelo de mi corazón, y mi oración a Dios por Israel, es para salvación. ² Porque yo les doy testimonio de que tienen celo de Dios, pero no conforme a ciencia. ³ Porque ignorando la justicia de Dios, y procurando establecer la suya propia, no se han sujetado a la justicia de Dios".*

Pablo, dirigiéndose a los hermanos romanos abre su corazón para manifestar su profundo anhelo: la salvación de los perdidos, y en primera instancia, como ya lo había dicho antes, de Israel. La demostración fehaciente de que este anhelo era verdadero es que oraba a Dios por la salvación de la nación. Queda con esto demostrado que la oración por una nación entera tiene valor ante Dios, especialmente cuando es *para salvación*. Sin embargo el concepto de salvación para el pueblo judío era un tanto ambiguo.

Nota histórica, sobre las creencias judías: El concepto de "salvación" no era un concepto claro en la mente israelita, partiendo del hecho de que tampoco tenían suficientemente claro el concepto de condenación. Los saduceos en los tiempos de Cristo no creían en la resurrección (Mt 22:23), sino en una filosofía fatalista de terminación o extinción del alma junto con el cuerpo. Los fariseos tenían un punto de vista distinto, creyendo que habría resurrección futura del cuerpo. Sin embargo, los judíos –hasta hoy– no tienen una doctrina definida de la vida futura, ni tampoco del castigo eterno. Es común que entre ellos en alguna discusión se hable de *Gehinnom*, (*ge-hinnom* o valle de Hinom) cosa que no se refiere a un lugar de tormento propiamente sino simplemente al sepulcro y en algunos casos a un lugar parecido al purgatorio católico. Otra palabra utilizada es *Kabbalah* (una especie de cuarto de espera). Y esto según la creencia de la mayoría de los rabís– era para estancia corta, de ninguna manera por la eternidad.

En el Antiguo Testamento Isaías 66:24 declaró: *"Y saldrán, y verán los cadáveres de los hombres que se rebelaron contra mí; porque su gusano nunca morirá, ni su fuego se apagará..."*, también Daniel 12:2 dice: *"Y muchos de los que duermen en el polvo de la tierra serán despertados, unos para vida eterna, y otros para vergüenza y confusión perpetua"*.

Nota doctrinal: Fueron necesarias las claras enseñanzas de Jesús y las explicaciones apostólicas, junto al libro de Apocalipsis para entender cuál es el destino final de los creyentes y de los impíos. Debido a esto, tanto Pablo, como todos aquellos que predicaban la Palabra, necesitaban hablar sobre la condenación a fin de que el concepto de salvación tuviera sentido.

"Porque doy testimonio..." los dichos de Pablo con respecto a su pueblo, no eran meramente ideas sueltas fraguadas en una mente osada, sino producto de la inspiración divina y del punto de vista de Dios mismo. Y este testimonio era que su pueblo –la nación israelita– era religioso, y que en su celo, pensaban que agradaban a Dios.

Para meditar: existen muchos en nuestros días que tienen el mismo sentimiento que se daba en el corazón judío. Gente que desea presentarse bien ante Dios y piensa que sus actos devotos son suficientes para su salvación. La religión, desde el punto de vista social es buena en muchos aspectos, dado que promueve la vida moral y el mejoramiento de la vida comunitaria. Religiosos se han convertido en héroes nacionales y muchos de ellos son dignos de imitarse en aspectos importantes. Sin embargo, la religión y la vida moral y de buen comportamiento social o comunitario no es el requisito de Dios para la salvación del hombre.

Pablo dice: *"Bueno es mostrar celo en lo bueno siempre"* (Gá 4:18). El celo judío no produjo lo que Dios requería para su salvación, por ello afirma el Apóstol, eso produjo lo dicho en 10:1-3 :

a.-Que "ignoren la justicia de Dios": se había desarrollado un total desconocimiento del significado real de la justicia de Dios. Tal y como Jesús explicó a los fariseos, en dos ocasiones en contextos distintos, el real significado de Oseas 6:6 *"Porque misericordia quiero, y no sacrificios"* (Mt 9:13; 12:7). Y no es que Dios hubiera abolido ya el sistema mosaico de sacrificios en los tiempos de Oseas, sino se debe entender la enseñanza en cuanto al sentido más puro y esencial de la voluntad de Dios. Así, la mente religiosa judía ocupada en cumplir las menudencias de la *ley externa de Dios*, reducía miserablemente el pensamiento divino a un sistema que pasaba por alto la justicia, la misericordia y la fe (Mt 23:23).

b.- Que establezcan su propia justicia: porque el hombre sin Cristo tratará de justificarse a sí mismo, y aun los más malos buscan establecer su propia justicia. Tan sólo el poder del Espíritu hace que una persona reconozca su culpabilidad ante Dios. Jesús endosó su obra: *"y cuando Él venga, convencerá al mundo de pecado, de justicia y de juicio"* (Jn 16:8). Con todo, el hombre es inexcusable ante Dios (Ro 2:1). Así, el celo judío había producido justicia propia, pensando erróneamente que eso era lo que les daría aceptación ante Dios.

c.-Que no se sujeten a la justicia de Dios: los judíos, *al ignorar la justicia de Dios y al establecer la suya propia* se había rebelado contra Dios. Habían dicho en su corazón, *"Rompamos sus ligaduras, Y echemos de nosotros sus cuerdas"* (Sal 2:3). Un pasaje profético sobre la rebeldía contra el Hijo de Dios.

La religión es buena en sí, cuando se ocupa en un amor sincero hacia el prójimo y la vida santa, como lo expresa Santiago: *"La religión pura y sin mácula delante de Dios el Padre es esta: Visitar a los huérfanos y a las viudas en sus tribulaciones, y guardarse sin mancha del mundo"* (Stg 1:27). Pero cuando consiste tan sólo en la satisfacción egoísta de la carne, termina en rebeldía contra Dios.

10:4 "porque el fin de la ley es Cristo, para justicia a todo aquel que cree".

El Señor no vino a abolir o abrogar la ley establecida por Dios, sino a cumplirla (Mt 5:17). Al cumplir el Señor la ley de Moisés, la cual tenía carácter temporal, como lo reafirma Pablo en 2 Corintios 4:18, *"aquello que había de ser abolido"* (y antes en 3:13), nuestro Jesús establece e inaugura con su sangre el Nuevo Pacto (Mt 26:28; 1 Co 11:25; Hebreos 8: 13 y 12:24).

El Señor Jesucristo afirmó: *"La ley y los profetas eran hasta Juan; desde entonces el reino de Dios es anunciado, y todo se esfuerzan por entrar en él"* (Lc 16:16). Era necesario que ocurriera esta culminación de la ley en el corazón de los religiosos judíos; *porque aunque la palabra de Dios permanece para siempre* (Is 40:8), el Nuevo Pacto dicta que la ley de Dios esté escrita en el corazón humano (2 Cor 3:3; Heb 10:16 cf. Jer 31:33).

Para meditar: Es por eso que debemos meditar en la ley de Dios diariamente para alimentar nuestro Espíritu y darle sentido conforme al tamiz de lo dicho por Jesús y los santos apóstoles en el Nuevo Testamento, es decir, bajo los términos del Nuevo Pacto. Cristo terminó con aquella ignorancia consistente en la creencia de que podemos acercarnos a Dios a través de la ley meramente, o de otras prácticas religiosas. Él dijo: *"Nadie viene al Padre, sino por mí"* (Jn 14:6).

9:5-7 "Porque de la justicia que es por la ley Moisés escribe así: El hombre que haga estas cosas, vivirá por ellas. ⁶ Pero la justicia que es por la fe dice: No digas en tu corazón: ¿Quién subirá al cielo? (esto es, para traer abajo a Cristo); ⁷ o ¿quién descenderá al abismo? (esto es, para hacer subir a Cristo de entre los muertos)".

En teoría, la justicia de Dios podría alcanzarse guardando todos y cada uno de los requerimientos de la ley de Moisés durante toda la vida sin cometer un solo pecado. Sin embargo, las Escrituras dicen: *"No hay justo, ni aun uno"* (Ro 3:10; Sal 14:1), ninguno excepto Jesús. Pablo desafía a los gálatas: *"y otra vez testifico a todo hombre que se circuncida, que está obligado a guardar toda la ley"*. Santiago agrega: *"Porque cualquiera que guardare toda la ley, pero ofendiere en un punto, se hace culpable de todos"* (Stg 2:10).

"Pero la justicia que es por la fe dice"... aquí el apóstol contrasta la justicia por la fe y la describe como una negación: **no digas en tu corazón.** Su explicación es que la justicia que es por la fe no descansa en ver primero, pues la fe, como lo define el autor de Hebreos, *es la certeza de lo que se espera, la convicción de lo que no se ve* (Heb 11:1). Es por ello, que la fe cree en el Cristo resucitado sin haberle visto, como también lo dice Pedro: *"a quien amáis sin haberle visto, en quien creyendo, aunque ahora no lo veáis, os alegráis con gozo inefable y glorioso"* (1 P 1:8).

Nota doctrinal: Los que no creen está aquí enmarcados en dos grupos, los que quieren traer abajo a Cristo –pues creen que Cristo murió como todos los hombres, más no resucitó corporalmente y su espíritu está arriba, en el cielo– y los que quieren hacer ascender a Cristo de entre los muertos –pues creen que Cristo aún está abajo, en la tumba, sin conciencia de existencia-. Necesitan verle primero antes de creer.

Aquí, quizá Pablo está pensando en los dos grupos de religiosos judíos más importantes de su tiempo, los fariseos, que creía en la resurrección espiritual y los saduceos, que creían en que el alma perece después de la muerte. Sin embargo, el Señor dijo: *"Bienaventurados los que no vieron, y creyeron"* (Jn 20:29).

Y como también lo dice en los versículos siguientes de este capítulo diez, consiste en creer en la resurrección corporal de Cristo de entre los muertos.

10:8-11 "Mas, ¿qué dice? Cerca de ti está la palabra, en tu boca y en tu corazón. Esta es la palabra de fe que predicamos: ⁹ que si confesares con tu boca que Jesús es el Señor, y creyeres en tu corazón que Dios le levantó de los muertos, será salvo. ¹⁰ Porque con el corazón se cree para justicia, pero con la boca se confiesa para salvación. ¹¹ Pues la Escritura dice: Todo aquel que en él creyere, no será avergonzado".

Pablo continúa explicando el pasaje de Deuteronomio 30, ahora en el versículo 14, *"porque muy cerca de ti está la palabra, en tu boca y en tu corazón, para que la cumplas"*, aplicándolo a Cristo. Así Proverbios 8 le presenta como "la sabiduría", y Juan capítulo 1, como la Palabra- el verbo de Dios. Que no hay que traer ni de arriba ni de abajo a Cristo, sino que está muy cerca, y se recibe por la fe, *para que habite Cristo por la fe en nuestros corazones* (Ef 3:17).

Para meditar: nótese que dice, *"cerca de ti"*, no dice "cerca de nosotros" o "cerca del ser humano", habla por tanto del carácter estrictamente personal de la salvación del hombre y de nuestro trato estrictamente personal con Jesucristo.

Ahora detalla, *"esta es la palabra de fe que predicamos"* (v.8), es decir, el aspecto práctico de la salvación: en qué consiste la justicia por la fe, cómo se alcanza y qué envuelve; en otras palabras, cuál es la predicación que produce salvación:

1. Creen en el corazón que Dios le resucitó de los muertos: mediante la predicación, el evangelio es *poder de Dios para salvación a todo aquel que cree (Rom 1:16); es el evangelio de Jesús y de la resurrección* (Hch 17.18). Porque la resurrección de Cristo es el fundamento de nuestra fe (1 Cor 15:1-17). ¿Por qué?

a. Porque es el fundamento de la santidad: Romanos 6:4 dice: *"...a fin de que como Cristo resucitó de los muertos para la gloria del Padre, así también nosotros andemos en vida nueva". Y sin santidad nadie verá al Señor* (Heb 12:14).

b. Porque es el fundamento de la resurrección futura del cristiano: 2 Co 4:14 *"Sabiendo que el que resucitó al Señor Jesús, a nosotros también nos resucitará con Jesús".* Verdad que también es claramente explicada en 1 Corintios 15.

Ahora bien, **creer en la resurrección del Señor, es creer:**

- Que Él es el juez de vivos y muertos (Hch 10:42).

- Que Él, como vivo Juez, no dará por inocente al culpable (Nm 14:18; Nahum 1:3).

- Que Cristo Jesús condenará a todos los seres humanos por no haberlo hecho su salvador y practicaron permanentemente el pecado. Porque la paga del pecado es muerte (Rom 6:23).

- Que Cristo requiere arrepentimiento de todo pecado, para ser salvo. (Mt 9:13; Lc 15:7; 24:47; Hch 5:31).

- Que Él es el único que puede perdonar los pecados (Mt 9.6; Mc 2:7,10; 1 Jn 1:9).

- Que Él y sólo Él es el salvador del mundo (Jn 4:42; 1 Ti 4:10; 2 P 3:2.

- Y que fuera de Él no hay salvación (Hch. 4:12).

Para meditar: la creencia intelectual o religiosa de la resurrección de Cristo no sirve en lo absoluto para la salvación por no involucrar los siete aspectos antes mencionados. Es por ello que el Apóstol dice, *"Y creyeres en tu corazón"*. Porque creer en la resurrección de Cristo es creer que Él está vivo y que por ello, su juicio está vigente, es totalmente real y que es urgente actuar. Por lo tanto, el arrepentimiento está implícito en este pasaje.

2. Confesar a Cristo como Señor: Este creer debe expresarse con los labios, de otra manera queda tan sólo en un mero pensamiento (2 Cor 4:13 *cf.* Sal 116:10). Dios da, a través de toda la Biblia mucha importancia a la confesión de nuestros labios. Es también la confesión, parte fundamental de la efectividad del bautismo en agua, que es la confesión pública de fe en Jesucristo expresada por todo aquel que ha creído verdaderamente. Esta confesión, por supuesto, no se refiere a una confesión privada, ni a un susurro introspectivo, sino a una proclamación abierta de la fe en Jesucristo como Señor, emanada de aquel que ha decidido seguirle.

Y agrega Pablo, (v. 11), **que todo aquel que en él creyere, no será avergonzado**, no basta creer una vez en Él, sino agrega el apóstol Juan, *"permaneced en Él, para que cuando se manifieste, tengamos confianza, para que en su venida no nos alejemos de él avergonzados"* (1 Jn 2:28). Y si aun los cristianos fueren vituperado aquí, Cristo será magnificado, tanto en su vida como en su muerte (Fil 1:20).

10:12-13 *"Porque no hay diferencia entre judío y griego, pues el mismo que es Señor de todos, es rico para con todos los que le invocan; [13] porque todo aquel que invocare el nombre del Señor será salvo".*

El Apóstol refuerza la idea de que tanto judíos como gentiles, están todos hoy bajo el mismo trato de Dios. Como en otro lugar escribe, *"¿Qué, pues? ¿Somos nosotros mejores que ellos? En ninguna manera: pues ya hemos acusado a judíos y a gentiles, que todos están bajo pecado"* (Rom 3:9). Queda así desecha la arrogancia de los judíos, y su desprecio para quienes no son del linaje de Israel. **Y el Señor es rico**, es espléndido, es generoso, abundante **para con todos los que le invocan**, tanto judíos como gentiles igualmente sin diferencia alguna bajo los términos de Nuevo Pacto.

Pues todo el que le invoca –sea de cualquier nación–, el que pide su favor, como la oración agonizante de David, *"Oye, oh Jehová la oración con que a ti clamo; ten misericordia de mí, y respóndeme"* (Sal 27:7); y para todos los que le invocan de veras, el Señor está cercano (Sal 145:18). La invocación ferviente ante Dios, nacida del corazón contrito y humillado que Él requiere (Sal 51:17), siempre tendrá como resultado la salvación del hombre.

10:14-16 *"¿Cómo, pues, invocarán a aquel en el cual no han creído? ¿Y cómo creerán en aquel de quien no han oído? ¿Y cómo oirán sin haber quien les predique? [15] ¿Y cómo predicarán si no fueren enviados? Como está escrito: ¡Cuán hermosos son los pies de los que anuncian la paz, de los que anuncian buenas nuevas! [16] Mas no todos obedecieron al evangelio; pues Isaías dice: Señor, ¿quién ha creído a nuestro anuncio?".*

Ahora el Apóstol habla respecto a la parte humana del proceso entero que produce la salvación del hombre. Dios diseñó el plan de salvación antes de la fundación del mundo (Ef 1:4; 1 P 1:20), luego Cristo vino para salvar a los pecadores (Lc 19:10; 1 Ti 1:15), murió, resucitó, se sentó a la diestra del Padre (Rom 8:34; 2 Cor 5:15; Heb 1:3), envió al Espíritu Santo (Hch 2:33) y nos comisionó para llevar el mensaje de salvación al mundo (Mr 16:15; Mt 28:19-20) y el cumplimiento de esta comisión es la parte humana del proceso de salvación de una persona, de ello también dice Pablo, *"porque me es impuesta necesidad; y ¡ay de mí si no anunciare el evangelio! Por lo cual, si lo hago de buena voluntad, recompensa tendré; pero si de mala voluntad, la comisión me ha sido encomendada".*

Todo cristiano necesita predicar el evangelio en su ámbito, ¿Pero ¿qué hay de aquellos que son comisionados por Dios para ir a otros lugares? Necesitan ser enviados por el Señor. Pablo cuenta su experiencia cuando Dios le habló y le dijo: *"Ve, porque yo te enviaré lejos a los gentiles"* (Hch 22:21). El Espíritu dijo también, *"apartadme a Bernabé y a Saulo para la obra a que los he llamado"* (Hch 13:2).

Para meditar: Cuando Dios envía Él también provee los recursos para el viaje, y aun si alguien, como Jonás, fue enviado a Nínive y desobedeciendo gastó el dinero de su viaje yendo a Tarsis, Dios le proveerá un gran pez para que "le lleve a Nínive" y haga su voluntad. Dios dijo a Elías (quien a su vez le dijo a la viuda), *"La harina de la tinaja no escaseará, ni el aceite de la tinaja disminuirá, hasta el día en que Jehová haga llover sobre la tierra"* (1 R 17:14), así el Señor provee todo lo necesario. Es tarea de la iglesia rogar (deomai)al Señor que envíe obreros a su mies (Mt 9:38); seguros de que cuando Él envía, Él mismo proveerá de todo lo necesario.

Y los pies del que obedece al llamado de Dios son hermosos (Is 52:7), son pies ungidos con perfume (Lc 7:46), pues son los pies de Cristo mismo quienes van. Son pies cuyo andar produce un sonido de alegría para el Señor y aunque para los que no obedecen al evangelio (v.16) son despreciables, para el Señor siempre serán hermosos y de gran valor. El mismo Isaías profetizó que el evangelio sería anunciado (Is. 53:1), y Jesús dijo que sería predicado en todo el mundo (Mt 24:14), pero no de todos es la fe (2 Ts 3:2). Es decir, no todos escucharían el mensaje de Dios.

10:17 "Así que la fe es por el oír, y el oír, por la palabra de Dios".

Aquí el apóstol Pablo pasa a relatar de cómo una persona logra su salvación, a cómo la fe es producida. La fe se produce cuando una persona oye la Palabra de Dios. Sin embargo, debe decirse que también *Dios puede lograr* que una persona se interese por las cosas eternas: *"Porque Dios es el que en vosotros produce así el querer como el hacer, por su buena voluntad"* (Fil 2:13). Tanto como fue poderoso para hacer que Israel se negara a escuchar, a fin de abrir la puerta a los gentiles, de ello dice Jesús citando a Isaías 6:9-10, *"Porque el corazón de este pueblo se ha engrosado, y con los oídos oyen pesadamente, y han cerrado sus ojos; para que no vean con los ojos, y oigan con los oídos, y con el corazón entiendan, y se conviertan, y yo los sane"* (Mt 13:15). Puesto que Dios interviene para interesar a una persona en Él, y puesto que el Espíritu Santo le convence de pecado, de justicia y de juicio (Juan 16:8), queda a los creyentes la importante función de rogar por su salvación. Luego la persona oirá la Palabra, y surgirá la fe que es esencial para dicha salvación.

Para meditar: Es muy importante entender que se recalca el efecto de *la Palabra de Dios*, no tanto las palabras del que testifica o predica. Muchos de los mensajes hoy en día usan muy poco *La Palabra de Dios*. Parten de un texto o pasaje, conforme a la costumbre, tocándolo brevemente en el desarrollo del sermón. Es posible que experiencias, testimonios y pláticas motivacionales, pueden tener impacto, pero no tanto como *la Palabra de Dios*. Recuérdese lo dicho por el profeta Isaías: " Así será **mi palabra** que sale de mi boca; no volverá a mí vacía, sino hará lo que yo quiero..." (55:11).

10:18,19 "Pero digo: ¿No han oído? Antes bien, Por toda la tierra ha salido la voz de ellos, y hasta los fines de la tierra sus palabras. 19 También digo: ¿No ha conocido esto Israel? Primeramente Moisés dice: Yo os provocaré a celos con un pueblo que no es pueblo; con pueblo insensato os provocaré a ira".

Si Dios hace que una persona se interese en las cosas eternas, y que ésta escuche la Palabra, queda un factor muy importante para su salvación: su decisión de rendirse a Cristo.

Aquí Pablo cita la actitud inexcusable de Israel. A los gentiles que no habían oído, habría necesidad de llevarles la Palabra, no así a Israel quien conocía la ley de Dios y su Palabra estuvo con ellos desde su nacimiento.

El v. 19 habla de la estrategia de Dios para hacer que Israel se acerque a Él: provocarle a celos con los gentiles. Habla de los gentiles como un pueblo que no es pueblo, e insensato, ¿Por qué? Porque los gentiles, antes de venir al Señor no son pueblo de Dios, sino que la insensatez del pecado está presente en sus corazones. El Salmo 5:5 dice: *"Los insensatos no estarán delante de tus ojos: Aborreces a todos los que hacen iniquidad".* Dios dice que los insensatos –los que practican el pecado– no estarán en su presencia, que Él los aborrece. También dice que los que pecan contra *Él defraudan su propia alma* (Prov. 8:26). Jesús menciona también la insensatez en su lista de los pecados del corazón (Mr 7:21-22). Y esta gente bárbara y burda en cuanto al conocimiento de Dios maravillosamente ha sido alcanzada por el evangelio y ha creído en Cristo; y esto ha servido para provocar a celos a Israel a fin de que éste también se salve.

Interesantemente, Pablo incluye a todos los gentiles cuando cita el Salmo 19:4, **"Antes bien, por toda la tierra ha salido la voz de ellos, y hasta los fines de la tierra sus palabras".** Un salmo que comienza diciendo: *"los cielos cuentan la gloria de Dios y el firmamento anuncia la obra de sus manos".* Un mensaje que habla de la (1) revelación natural o general de Dios y que ya en el el Cap 1:20 había mencionado así: *"Porque las cosas invisibles de él, su eterno poder y deidad, se hacen claramente visibles desde la creación del mundo, siendo entendidas por medio de las cosas hechas, de modo que no tienen excusa".* Los gentiles que no han escuchado el evangelio muestran *"la obra de la ley escrita en su corazones, dando testimonio su conciencia, y acusándoles o defendiéndoles sus razonamientos,"* (Rom 2:15). Por tanto, *toda la tierra está llena de su gloria* (Is 6:3), y nadie podrá excusarse ante Dios.

Aun así, la revelación natural debe acompañarse de la (2) revelación de las Sagradas Escrituras , y la especifica (3) revelación a través de su Hijo Jesús, para que una persona escuche con claridad el mensaje del evangelio y haga experimentar una de las más grandes dichas en esta tierra: la iglesia cumpliendo con su misión de predicar (Mr. 16:15).

10:20,21 *"E Isaías dice resueltamente: Fui hallado de los que no me buscaban; Me manifesté a los que no preguntaban por mí. ²¹ Pero acerca de Israel dice: Todo el día extendí mis manos a un pueblo rebelde y contradictor".*

Y los gentiles, aunque incluidos en el plan de Dios desde el principio de los siglos, no eran personas que le buscaran resueltamente, dado que tenían nociones de su existencia. Esto también lo dice Pablo cuando predica a los griegos de Atenas: *"Y de una sangre ha hecho todo el linaje de los hombres, para que habiten sobre toda la faz de la tierra; y les ha prefijado el orden de los tiempos, y los límites de su habitación; para que busquen a Dios, si de alguna manera, palpando, puedan hallarle, aunque ciertamente no está lejos de cada uno de nosotros"* (Hch 17:26-27). Es decir, el Señor hizo lo propio para que los gentiles también alcanzaran salvación, y que le buscaran de alguna manera, aunque fuera a tientas, palpando. Sin embargo, los que andan en sus pecados *de día tropiezan con tinieblas, Y a mediodía andan a tientas como de noche* (Job 5:14).

En la casa de Cornelio se puede observar cómo Dios voltea su mirada hacia los gentiles y derrama de su Espíritu Santo sobre aquellos que, tan sólo hacía unos minutos, escuchaban su Palabra (Hch 10:1-46). Es así como Dios se manifestó a los que ni siquiera preguntaban por Él. Contrastando, el pueblo de Israel, habiendo sido testigo de grandes milagros, señales y manifestaciones portentosas de Dios, se mostró *rebelde y contradictor.*

> **Para meditar:** nos dice la Biblia que *muchos primeros serán postreros, y postreros, primeros* (Mt 19:30); esto nos hacer reflexionar en que algunos que tienen mucho tiempo en el camino del Señor, que vieron grandes milagros y hechos sobrenaturales de Dios, serán aventajados por nuevos convertidos y aquellos con poco tiempo en el Camino. ¿Por qué? Porque lo que cuenta para el Señor no es cuánto tiempo tengamos de haber entregado nuestra vida a Él, sino cuánta es nuestra permanencia en una fe activa.

Así, los gentiles en general han aventajado a los judíos en fe, y esto en cumplimiento a lo que dijo Jesús: *"Y os digo que vendrán muchos de oriente y de occidente, y se sentarán con Abraham e Isaac y Jacob en el reino de Dios;"* (Mt 8:11). Por tanto, el requisito para ocupar los primeros lugares en el reino de Dios es hecho notorio por Jesús, quien, al ver la tremenda fe que demostró el centurión, sorprendido exclamó: *"... De cierto os digo, que ni aun en Israel he hallado tanta fe"* (Mt 8:10).

ROMANOS

CAPÍTULO 11

El remanente de Israel (Ro 11:1-10)

11:1 "Digo, pues: ¿Ha desechado Dios a su pueblo? En ninguna manera. Porque también yo soy israelita, de la descendencia de Abraham, de la tribu de Benjamín".

Pablo es un vivo ejemplo de que Dios no ha desechado a la descendencia de Jacob (y sigue con su ejemplar estilo de hacer preguntas, para enfatizar con sus respuestas, los conceptos que trata de dejar en el ánimo de sus lectores). Antes bien, Dios hizo un nuevo pacto con la casa de Israel (Jer 31:31; Hebreos 8:8-10), y este pacto se hizo extensivo a los gentiles; el Apóstol lo explica después poniendo Dios a ambos pueblos en el mismo lugar y bajo los mismos términos de este nuevo tratado.

Dios desechó a Saúl para que continuara siendo rey sobre Israel (1 S 15:23; 16:1), y también excluyó a Israel por un momento, como dice Isaías: *"por un breve momento te abandoné, pero te recogeré con grandes misericordias"* (Is 54:7). El mismo pueblo de Dios escribía en sus canciones y lamentos, que el Todopoderoso les había desechado (Sal 44:9; 60:1,10; 74:1; 108:11; Lam 5:22); David y Jonás expresaron algo equivalente (Sal 43:2; 119:141; Jonás 2:4). No obstante, la misericordia de Dios y los pactos que Él hizo con los patriarcas y con el rey David, permanecen para siempre (Ro 11:28; Éx 2:24; Lev 26:42) y sobre los cuales afirma que Él juró, cumplió y cumplirá su palabra (Dt 6:10; Gn 50:24; Dt 30:20, etc.).

También la carta a los Hebreos expresa: *"cuando Dios hizo la promesa a Abraham, no pudiendo jurar por otro mayor; juró por sí mismo, diciendo: De cierto te bendeciré con abundancia y te multiplicaré grandemente"* (Hebreos 6:13,14) En cuanto a David dice: *"En verdad juró Jehová a David, Y no se retractará de ello..."*(Sal 132:11) y: *"No mentiré a David"* (Sal 89:35). Aunque por un tiempo Dios desechó a su pueblo, pues ellos desobedecieron no cumpliendo sus mandamientos, los tomó una vez más, estableciendo un nuevo pacto con ellos (Hebreos 8:9), a fin de cumplir la palabra de su juramento.

El apóstol revela su ascendencia israelita, de la tribu de Benjamín. Dios quiso que esta tribu estuviese cerca de Judá, de donde vino el Señor, por lo que, cuando se hizo la distribución de la tierra prometida, su heredad quedó exactamente junto a la de ésta (Jue 18:11).

Nota histórica: La Tribu de Benjamín tuvo un grave problema en la antigüedad, cuando por causa de los hombres perversos de Gabaa de Benjamín, se produjo una ruptura de las buenas relaciones de esta tribu con el resto del pueblo (Jueces 19 al 21). Esto propició una brecha entre ellos (Jue 21:15), y Benjamín fue reducida hasta ser la tribu más pequeña de Israel (1 Sam 9:21). Pero de esa tribu, Dios levantó al primer rey que gobernó sobre las doce tribus, y al aliarse con Judá, después del desgajamiento del reino (1 Reyes 12:1-24; 1 Sam 20:16; 23:18), fue vista sin distinción como "la nación judía", que tanto es mencionada en Esdras, Nehemías y Ester, luego del exilio.

Ahora, Dios vuelve a honrar a Benjamín levantando de ésta -la más pequeña y humillada tribu de Israel- al gran apóstol Pablo. Así es Dios, su palabra se cumple: levanta al más humilde.

11:2-4 *"No ha desechado Dios a su pueblo, al cual desde antes conoció. ¿O no sabéis qué dice de Elías la Escritura, cómo invoca a Dios contra Israel, diciendo: ³Señor, a tus profetas han dado muerte, y a tus altares han derribado; y sólo yo he quedado, y procuran matarme? ⁴ Pero ¿qué le dice la divina respuesta? Me he reservado siete mil hombres, que no han doblado la rodilla delante de Baal".*

Enfáticamente el apóstol de los gentiles declara que Israel continúa estando en el corazón de Dios y en su plan, aunque ya no igual que en el antiguo pacto. El remanente fiel que es resaltado, son aquellos que han creído en Cristo reconociéndole como el Mesías, como el Salvador del mundo.

Pablo trae a la memoria el caso de Elías, quien, creyéndose solo, clamó a Dios en tres ocasiones diciendo: *"sólo yo he quedado"* (1 R 18:22; 19:10, 14). Elías pasó por un tiempo de intensa depresión, en donde se sintió solo y abandonado por todos, hasta por su criado (1 R 19:3). Por ello, emprendió su travesía en la soledad, lleno de temores e incertidumbres, aunque había visto el indescriptible e inigualable poder de Dios, tan solo unas horas atrás. Dios, conociendo el corazón de su profeta en ese momento le declara: *"y yo haré que queden en Israel siete mil, cuyas rodillas no se doblaron ante Baal, y cuyas bocas no lo besaron".* Estos siete mil compartían la actitud de Elías en cuanto a su devoción al Dios vivo (1 R 19:18).

Nota devocional: Algunas veces podemos sentirnos solos y clamar a Dios tal y como lo hizo Elías; y nuestro Dios, quien es misericordioso y compasivo (Stg 5:11), se encargará de darnos la compañía necesaria para que hagamos su labor y sintamos gozo durante el proceso. Es válido orar a Dios mostrando nuestros sentimientos, sin embargo, no es agradable al Señor la autocompasión (Josué 7:8-10), la ingratitud (1 Ts 5:18), o la incredulidad (Hebreos 11:6). Por ello es muy importante mostrar la actitud correcta para ser escuchados.

Actualmente entre el pueblo de Israel existe un remanente escogido por Dios quienes han depositado su fe en el Señor Jesús. Históricamente ha sido muy difícil para el judío ser un seguidor de Jesucristo, pero por la gracia y promesa de Dios existe ese remanente. La gran mayoría de ellos son llamados judíos mesiánicos, con fuertes comunidades en los Estados Unidos y aún en Israel.

Nota histórica sobre el desarrollo del judaísmo mesiánico

Luego de la destrucción de Jerusalén por Tito, en el 70 d. C., la historia registra a algunos grupos de judíos seguidores de Jesús. Desde el siglo segundo y posiblemente hasta el cuarto, secretamente los judíos seguidores de Cristo asistían a las sinagogas. Hugo J. Schonfield, dice en su libro titulado *The history of Jewish Christianiy*, que había judíos cristianos esparcidos en las villas de Galilea, quienes observaban la Torá, tanto como otros judíos, pero con distinta interpretación de ella. También en su libro "*Explaining Christian origins and early Judaism*" dice que Epifanio, uno de los líderes cristianos del siglo IV, describe un grupo particular de judíos mesiánicos, los cuales se llamaban a sí mismos "los nazarenos", y quienes mantenían el *Kosher* (la dieta judía), y vivían en la comunidad judía, sin embargo, creían en Jesús como su Mesías. Esta secta, mencionada desde el libro de Hechos como, "la secta de los nazarenos" (24:5), es referida posteriormente, según Joseph Priestley, por Jerónimo y Agustín de Hipona.

Aunque los judíos seguidores de Jesús asistían a las sinagogas en un principio, todo cambió con el desarrollo de los rabinos talmúdicos primitivos (*Tanaim*) quienes buscaron redefinir el judaísmo y evidenciar quiénes estaban dentro de su religión y quiénes no. Ellos pusieron en práctica un recital antiguo –llamado *Birkat haMinim* (heb. "bendición a los herejes"), que fue introducido en la liturgia judía (*Amidah*), y que decía, entre otras maldiciones: "*los Nazarenos ... perezcan instantáneamente: sean borrados del libro de los vivos*". Así, los Nazarenos eran identificados inmediatamente, pues ante esa maldición no podrían decir, "amen". De esta manera los judíos creyentes en Jesús dejaron de congregarse en las sinagogas y finalmente dejaron las comunidades judías.

Aun así, siguieron existiendo grupos secretos de judíos creyentes en Jesús, un remanente a través de los siglos. La historia muestra judíos mesiánicos prominentes como Count Joseph (San José de Palestina), Solomon Halev, Benjamín Disraeli (primer ministro inglés en la era victoriana) y otros; y todos ellos -aun los de las más altas élites- tuvieron que luchar, en su tiempo, con un profundo aislamiento y persecución. Los judíos les rechazaban juzgándoles como "herejes"; y los cristianos les perseguían y mataban pues les culpaban de la muerte de Jesucristo.

Desde tiempos de la llamada "Era de la Ilustración" en Europa, la sociedad contemporánea empezó a mostrar más tolerancia religiosa y los judíos mesiánicos empezaron a tener un alivio.

La primera iglesia judío-cristiana aparece en 1813 congregándose en Londres la cual es llamada Benei Abraham (Hijos de Abraham). Dan Cohn-Sherbork la identifica como la precursora de todas las iglesias judío-cristianas en el mundo (Messianic Judaism por Dan Cohn Sherbok).

11:5,6 *"Así también aun en este tiempo ha quedado un remanente escogido por gracia. 6 Y si por gracia, ya no es por obras, de otra manera la gracia ya no es gracia. Y si por obras ya no es gracia; de otra manera la obra ya no es obra".*

La gracia de Dios ha hecho posible que a través de la historia existan judíos creyentes en Jesucristo a los cuales la Escritura les llama *"el remanente"*. Se puede afirmar desde luego, que los verdaderos creyentes cristianos han sido en general un remanente escogido por Dios en medio de una generación maligna y perversa (Fil 2:15) que se empeña en distorsionar la correcta y sincera fidelidad a Cristo (2 Cor 11:3). Como el gran mercado que describe Juan Bunyan en la clásica obra *El Progreso del Peregrino*, el mundo ha sido un gran mercado público, quien, por sus intereses contrarios a los divinos, ha querido dar muerte a los genuinos seguidores del Señor.

En la gracia no existe lugar para la jactancia humana ni para las obras que alimentan a ésta. Pablo advierte sobre este mal diciendo: *"De Cristo os desligasteis, los que por la ley os justificáis; de la gracia habéis caído"* (Gálatas 5:4). Si fuera por obras, dice Pablo, deja de ser por gracia. Tenemos tal vez, el contraste más directo y absoluto que haga la Escritura en cuanto a estos dos conceptos: OBRAS Y GRACIA. La gracia es la actuación soberana de Dios de acuerdo consigo mismo, mientras que las obras son el esfuerzo del hombre que trata de presentarle a Dios una base humana para alcanzar la bendición. El "remanente" que Dios ha elegido de entre los judíos ha sido sólo por gracia y no por obras que ellos hayan realizado. Lo mismo con "el remanente fiel" cristiano.

11:7-10 *"¿Qué pues? Lo que buscaba Israel, no lo ha alcanzado; pero los escogidos si lo han alcanzado, y los demás fueron endurecidos; 8 como está escrito: Dios les dio espíritu de estupor, ojos con que no vean y oídos con que no oigan hasta el día de hoy. 9 Y David dice: Sea vuelto su convite en trampa y en red, en tropezadero y en retribución; 10 Sean oscurecidos sus ojos para que no vean y agóbiales la espalda para siempre".* (Salmo 69:22,23).

Una vez más, el Apóstol aludiendo a la soberanía de Dios, hace tres afirmaciones:

1.- Israel, que buscaba la bendición de Dios no la alcanzó.

2.- Los escogidos por gracia sí la alcanzaron.

3.- Los demás, que no pertenecen ni al primero ni al segundo grupo, fueron endurecidos.

Queda muy claro que la soberanía de Dios es demostrada desde antes de la fundación del mundo en cuanto a leyes y elecciones suyas, pero ha dado al ser humano el libre albedrío de creer o no en Él, para que la elección sea por fe. En muchos otros pasajes de las Escrituras, Dios habla de que la fe es la que hace a una persona alcanzar la bendición de Dios. (por ejemplo, cuando Pablo diserta sobre Abraham en Romanos 4 y Gálatas 3). De esta manera, estas tres declaraciones pueden explicarse así:

- Lo que hizo que Israel no alcanzara la gracia fue que se valió de las obras para conseguirla.

- Los escogidos se convirtieron en escogidos tan sólo por hacer uso de su derecho de creer o no en Jesús, eligiendo creer.

- Toda persona, cuando elige no creer en Jesús su corazón se endurece (Hebreos 3:13, 15; 4:7).

Por su incredulidad, Dios castigó a Israel, y sirvió esa acción de ejemplo para todos los incrédulos en general, con un espíritu soñoliento y pesado (Is 29:10); y lo que los incrédulos pensaron sería su salvación (sus obras) se convirtió en lazo y tropezadero. Así, sus ojos fueron oscurecidos, y a causa de ello, tuvieron total inseguridad (Sal 69:22-23). Cuando una persona se aferra a sus obras para alcanzar el favor divino, en lugar de mover el corazón de Dios para bendición, se hace merecedor del castigo aquí descrito. Dios no es injusto para castigar a alguien que le sirve, pero si se hace algo para Dios sin fe, esas obras las considera imperfectas. (Hebreos 6:10; Stg 2:18,20; Ap 3:2).

Para meditar: Es necesario que todo cristiano se examine a sí mismo constantemente para comprobar los verdaderos motivos de sus obras. Todas nuestras acciones necesitan ser impulsadas por fe verdadera en el Señor y en su palabra, la cual nace del amor con que Dios nos ha dotado mediante su Espíritu Santo (Gálatas 5:6).

La salvación de los gentiles (Ro 11:11-24)

11:11,12 "Digo, pues: ¿Han tropezado los de Israel para que cayesen? En ninguna manera; pero por su transgresión vino la salvación a los gentiles, para provocarles a celos. ¹² Y si su transgresión es la riqueza del mundo y su defección la riqueza de los gentiles, ¿cuánto más su plena restauración?".

Pablo aclara que Dios no es el culpable de que el pueblo de Israel no alcanzará la salvación por gracia. En las Escrituras se denotan dos caminos por los que la salvación llegaría a los gentiles:

1. Que Israel alcanzara la gracia de Dios por la fe y se convirtiera en un reino de sacerdotes por medio de la cual viniera salvación a todo el mundo (Éx 19:6).

2. Que la incredulidad del pueblo de Israel hiciera que Dios levantara "otra nación", es decir los creyentes en Jesús (tanto judíos como gentiles 1 P 2:9).

Nota doctrinal: respecto al trato de Dios con el pueblo judío después de que surgió la iglesia cristiana, se manejan interpretaciones diversas. Desde los que afirman que "el viejo pacto" está muerto, que los judíos por sus pecados, principalmente por rechazar a Jesús como el Mesías han perdido el derecho a un trato especial. Sin embargo, debe recordarse que, *La defección* (v.12) o fracaso de Israel consistió en no reconocer a Jesús de Nazareth como su Mesías y por negarse a ser la nación testigo de Dios y que por ello ese privilegio fue dado a la iglesia de los gentiles. *"Su plena restauración"* (v. 12), se verá en el futuro (Ap 7:4, 9; cp. Zac 8:23; 12:10; 13:1; 14:9, 11,16). La caída de Israel por su transgresión y defección solo es temporal (vv. 25-27). Por ahora el plan de Dios sigue vigente como el mismo Pablo lo explica en Romanos 3:21-26; judíos y gentiles *"siendo justificados gratuitamente por su gracia, mediante la redención que es en Cristo Jesús"*.

Dios, a fin de cumplir su voluntad y debido al fracaso de Israel, detiene "el reloj profético" de su trato con el pueblo judío, para dar lugar a los tiempos de los gentiles (Lc 21:24; Ro 11:25). Cumplidos estos, todas las profecías respecto a Israel se consumarán. El apóstol dice que la "salvación de los gentiles" provocaría celos en el pueblo judío.

11:13,14 *"Porque a vosotros hablo, gentiles. Por cuanto yo soy apóstol a los gentiles, honro mi ministerio, ¹⁴ por si en alguna manera pueda provocar a celos a los de mi sangre, y hacer salvo a alguno de ellos".*

Dios comisionó a Pablo para ser *"apóstol de los gentiles"*. Su tarea fue sembrar la Palabra de Dios entre el mundo no judío y plantar iglesias en lugares donde no había. Por medio de Pedro, Dios había encendido la mecha del avivamiento espiritual entre los gentiles, dando salvación a Cornelio y a toda su familia quienes vivían en Cesarea, ciudad marítima, cerca de Jerusalén (aproximadamente a 50 km/30 millas de Jope). Todo relativamente cercano.

Pero el Señor le dijo a Pablo: *"ve, porque yo te enviaré lejos, a los gentiles"* (Hch 22:21). Pablo testifica que Dios le encomendó a Pedro el evangelio de la circuncisión, y a él el de la incircuncisión (Gá 2:7).

Esto trajo un número indeterminado de problemas al Apóstol y persecución constante, de las cuales el libro de los Hechos narra. Para los judíos, el hecho de que Pablo estuviera en constante contacto con los gentiles, e incluso se hubiera hecho tal como ellos (1 Co 9:18-22) era una abominación. Su odio por el apóstol llegó a tal grado que estuvieron a punto de descuartizarlo o matarlo a golpes debido a la acusación de introducir a gentiles en el templo (Hch 21: 28-36). Definitivamente Pablo había provocado a celos a los judíos con tan osado ministerio y el costo de tal provocación fue bastante alto, sin embargo, todo fue por mandato de Dios.

11:15,16 *"Porque si su exclusión es la reconciliación del mundo, ¿qué será su admisión, sino vida de entre los muertos? ¹⁶ Si las primicias son santas también lo es la masa restante; y si la raíz es santa, también lo son las ramas".*

El Apóstol hace una serie de comparaciones para hablar de la prioridad de los judíos ante los ojos de Dios. Explica que el eje de las decisiones del Todopoderoso con respecto a la humanidad es el pueblo judío. Fueron excluidos como cabeza espiritual del mundo por haber rechazado a Cristo, y esto trajo *la reconciliación del mundo* con Dios y la apertura a *"todo aquel que cree"* (Jn 3:16).

Y *¿qué es esto de su admisión?* Cuando un judío reconoce a Jesús como su Señor es admitido por Dios. Cuando esto sucede, Dios le da al judío vida de entre los muertos, como lo hace con los gentiles, es decir salva su alma. Eso pasará con todos los judíos que reconozcan a Cristo: serán "admitidos" de nuevo.

"si las primicias son santas..." esas "primicias" son el pueblo de Israel separado para Dios. Este pueblo es santo pues Dios así lo dice: *"seréis, pues, santos, porque yo soy santo"* (Lev 11:45) y: *"Habéis, pues, de serme santos, porque yo Jehová soy santo, y os he apartado de los pueblos para que seáis míos"* (Lev 20:26). Números 15:19-21, habla de las primicias de la masa, la cual era ofrecida al Señor, y la masa restante, en este caso, el resto de la humanidad fue santificada *potencialmente* también por causa de Israel.

Aquí es donde aparece la raíz de esta santidad, Cristo mismo, quien, como representante de todo Israel, ha traído santidad a todo el mundo. No habla aquí del carácter santo de Israel, pues se trata de una nación rebelde en su mayoría contra Dios; más bien, se refiere al *derecho legal*, de obtener esa santidad que tuvo Israel, y que ahora tienen todos los que han creído en Jesús (la cual se vuelve vida diaria por el poder del Espíritu Santo).

11:17-20 *"Pues si algunas de las ramas fueron desgajadas y tú, siendo olivo silvestre, has sido injertado en lugar de ellas, y has sido hecho participante de la raíz y de la rica savia del olivo, ¹⁸ no te jactes contra las ramas; y si te jactas, sabe que no sustentas tú a la raíz, sino la raíz a ti. ¹⁹ Pues las ramas, dirás, fueron desgajadas, para que yo fuese injertado. ²⁰ Bien, por su incredulidad fueron desgajadas, pero tú por la fe estás en pie. No te ensoberbezcas sino teme".*

Las ramas del buen olivo (Israel) fueron desgajadas por no permanecer en santidad, por claudicar en la fe (Heb 3:19). Así, la razón de que el olivo silvestre (la iglesia gentil) fuera injertado es que el olivo original fue desgajado. Sin embargo, así como el olivo original fue desgajado por su incredulidad, porque no permaneció en Cristo (Jn 15:5-6), así también la iglesia sino se mantiene en fe sufrirá las mismas consecuencias. El pasaje dice que la razón de la falta de fe es:

1.- La soberbia. Como está escrito: *"He aquí que aquel cuya alma no es recta, se enorgullece; más el justo por su fe vivirá"* (Habacuc 2:4). Se señala entonces el orgullo como la raíz de la incredulidad, pues cuando una persona cree ser autosuficiente deja de creer y depender de Dios.

2.- La falta de temor a Dios. La otra causa de incredulidad es la carencia de *suficiente* temor a Dios, pues cuando una persona realmente teme a Dios le obedece. Y no es que su obediencia tenga su origen en el temor *per sé*, sino que ella está consciente de su dependencia de Dios constantemente, y que tan sólo puede permanecer en santidad si se mantiene unido a Cristo, como advierte 1 Corintios 10:12: *"Así que, el que piensa estar firme, mire que no caiga"*. Este es el mismo sentido de las palabras del apóstol Pedro al decir: *"conducíos con temor todo el tiempo de vuestra peregrinación"* (1 P 1:17).

No es el papel de los gentiles juzgar ni condenar a Israel, sino más bien, procurar su paz y amarlos (Sal 122:6), pues Dios dice que Él ama a Israel con amor eterno (Jeremías 31:1-3) por causa de los padres (Ro 11:28).

11:21,22 *"Porque si Dios no perdonó a las ramas naturales, a ti tampoco te perdonará. ²² Mira, pues la bondad y la severidad de Dios; la severidad ciertamente para con los que cayeron, pero la bondad para contigo, si permaneces en esa bondad; pues de otra manera tú también serás cortado"*.

Tenemos aquí dos aspectos fundamentales de la naturaleza de Dios: **su bondad y su severidad.** Fue por gracia que eligió Dios a Israel y a la iglesia, porque el Dios creador de todo es un Dios bondadoso en gran manera. Sin embargo, existe otro aspecto de su carácter que es tan importante como su bondad: su severidad. Su severidad hizo que no perdonara la incredulidad de Israel, sino que le excluyera de su heredad en Cristo; pues todos los judíos que rechazaron al Señor están excluidos de la gracia de Dios. De ellos dice Pablo en otro pasaje: *"los cuales mataron al Señor Jesús y a sus propios profetas, y a nosotros nos expulsaron; y no agradan a Dios, y se oponen a todos los hombres, impidiéndonos hablar a los gentiles para que éstos se salven; así colman ellos siempre la medida de sus pecados, pues vino sobre ellos la ira hasta el extremo"* (1 Ts 2:14-15). Pablo exhorta a la iglesia a permanecer en la bondad de Dios para no caer en el error del pueblo de Israel, que fueron cortados de la raíz.

11:23,24 *"Y aun ellos, si no permanecen en incredulidad, serán injertados, pues poderoso es Dios para volverlos a injertar. ²⁴ Porque si tú fuiste cortado del que por naturaleza es olivo silvestre, y contra naturaleza fuiste injertado en el buen olivo, ¿cuánto más éstos, que son las ramas naturales, serán injertados en su propio olivo?"*.

> **Nota informativa:** Todo fruticultor o agricultor que posee árboles frutales, sabe que los injertos se realizan cuando, por ejemplo, una rama de naranjo dulce se injerta en un tronco de naranjo agrio y el fruto que dan esas ramas injertadas, es el de buenas naranjas. Eso sería "por naturaleza". Por el contrario, injertado "contra naturaleza" sería

> cuando una rama de naranjo agrio, se injertara en un tronco de naranjo dulce. Ese es el caso de los gentiles, cual "olivo silvestre" fueron injertados en el "buen olivo" que era Israel. (Esto habla de la cultura general que poseía Pablo).

Aunque es difícil que los judíos que han rechazado abiertamente al Señor Jesús y le han juzgado como un blasfemo por "creerse Hijo de Dios" sean salvos, Dios es poderoso para *volverlos a injertar (en su propio olivo)*. Tal fue el caso del mismo Pablo, quien milagrosamente se convirtió a Cristo. Hoy en día, aunque sigue siendo difícil, como lo ha sido a través de la historia, que un judío se convierta, Dios sigue mostrando su gran poder para salvarles. Cuando el judío se convierte, dado que conoce el Antiguo Testamento y tiene el celo de Dios, puede ser más útil en su reino. Si el creyente gentil, por gracia es injertado en contra naturaleza, el creyente judío lo puede ser también, pues él pertenece a ese buen olivo.

Con todo esto, aún para el gran apóstol Pablo fue muy difícil alcanzar a los de su propia nación. Marcos, sobrino de Bernabé; Jesús, llamado Justo y Timoteo, de madre judía, fueron los únicos colaboradores judíos con Pablo (Col 4:10, 11; Hch 16:1).

La restauración de Israel (Rom 11:25-36)

11:25-27 *"Porque no quiero, hermanos, que ignoréis este misterio, para que no seáis arrogantes respecto a vosotros mismos que ha acontecido a Israel endurecimiento en parte, hasta que haya entrado la plenitud de los gentiles;* ^{26} *y luego todo Israel será salvo, como está escrito: Vendrá de Sion el Libertador; Que apartará de Jacob la impiedad.* ^{27} *Y este será mi pacto con ellos, Cuando yo quite sus pecados".*

¿Cuál es la razón por la cuál es tan difícil que un judío se convierta? Pablo lo explica aquí: *"ha acontecido a Israel endurecimiento en parte, hasta que haya entrado la plenitud de los gentiles".* La iglesia no puede ser arrogante ante la gracia de Dios. El plan de Dios para Israel aún no se ha cumplido en su totalidad. Un día, "toda" la nación de Israel reconocerá al Señor Jesucristo como el Mesías.[8]

Todas las naciones serán reunidas contra Israel (Zac 14:2), entonces Cristo aparecerá acompañado de todos sus santos (Ap 19:14), afirmará sus pies en el Monte de los Olivos (Zac 14:4), peleará por su pueblo Israel y con la espada de su boca herirá a las naciones (Ap 19:15)

---

8 [*Todo Israel* debe entenderse como los creyentes de Israel en conjunto, es decir, los judíos que sean salvos en este tiempo y los que sobrevivan al final de la tribulación (Biblia Vida Plena, pág. 1597)].

Entonces, viendo los Israelitas semejante evento, se cumplirá la profecía que dice: *"y derramaré sobre la casa de David, y sobre los moradores de Jerusalén, espíritu de gracia y de oración; y mirarán a mí, a quien traspasaron, y llorarán como se llora por hijo unigénito, afligiéndose por él como se aflige por el primogénito"* (Zac 12:10). También se cumplirán las profecías de Isaías 59:20 y Jeremías 31:33-34, para el establecimiento del reinado del Señor: el milenio.

11:28,29 *"Así que en cuanto al evangelio son enemigos por causa de vosotros, pero en cuanto a la elección, son amados por causa de los padres. ²⁹ Porque irrevocables son los dones y el llamamiento de Dios".*

Explica Pablo el carácter dual de los israelitas: enemigos y amados. Cierto es que se volvieron enemigos de los cristianos y de Cristo, pero Dios les sigue amando. En Isaías 43:4 Dios dice: *"Porque a mis ojos fuiste de gran estima, fuiste honorable, y yo te amé; daré, pues, hombres por ti, y naciones por tu vida"*. El Señor sigue anhelando la restauración de Israel y la salvación de todo israelita. El pasaje dice que *son irrevocables los dones y el llamamiento de Dios*, por lo que también, cuando el Señor da alguno de sus dones a los creyentes, seguirán teniéndolo toda su vida. Pero un don puede estar apagado (2 Ti 1:6) y el que algún creyente tenga uno o varios dones no le hace acepto al Señor, sino hace su voluntad (Mt 7:21). Es igual con el llamamiento del Señor, cuando Dios llama jamás retirará su llamamiento, sin embargo, no todos obedecen a ese llamado (Núm 3:4: 1 R 11:1-10; 2 Ti 4:10; 1 Ti 1:18-20).

11:30-32 *"Pues como vosotros también en otro tiempo erais desobedientes a Dios, pero ahora habéis alcanzado misericordia por la desobediencia de ellos, ³¹ así también éstos ahora han sido desobedientes para que por la misericordia concedida a vosotros, ellos también alcancen misericordia. ³² Porque Dios sujetó a todos en desobediencia para tener misericordia de todos".*

El apóstol Pablo concluye que, así como los gentiles estuvieron bajo desobediencia y fueron amados por Dios, *por cuanto Dios amó tanto al mundo...* (Jn 3:16), así también Israel, si se arrepiente, alcanzará misericordia. El Apóstol concluye, aquí y en otras referencias (Ro 3:9; Gá 3:22), que todos, judíos como gentiles están bajo pecado y todos necesitamos la gracia de Dios.

11:33-36 *"¡Oh profundidad de las riquezas de la sabiduría de la ciencia de Dios! ¡Cuán insondables son sus juicios, e inescrutables sus caminos! ³⁴ Porque ¿quién entendió la mente del Señor? ¿O quién fue su consejero? ³⁵ ¿O quién le dio a Él primero, para que le fuese recompensado? ³⁶ Porque de Él y por Él, y para Él, son todas las cosas. A Él sea gloria por los siglos. Amén".*

Termina así el apóstol Pablo esta parte de su discurso inspirado por el Espíritu Santo, con un bello epílogo ofreciendo una reflexión central: que todo lo que Dios ha hecho realmente no tiene explicación, que es incomprensible para la mente y el razonamiento humano; que como expresa Isaías, *sus caminos y sus pensamientos son muchos más altos que los de todo ser humano* (Is 55:9). La mente de Dios no podrá jamás comprenderse, ni jamás el Señor tuvo quien le aconseje, esto en alusión una vez más al profeta Isaías cuando pregunta retóricamente: *¿Quién enseñó al Espíritu de Jehová, o le aconsejó enseñándole? ¿A quién pidió consejo para ser avisado? ¿Quién le enseñó el camino del juicio, o le enseñó ciencia, o le mostró la senda de la prudencia?* (Is 40:13-14).

Y luego agrega, "*y su entendimiento no hay quien lo alcance*" (Is 40: 28). Pablo dice que Dios es y ha sido soberano en sus juicios, omnímodo en sus designios y tratos, porque Él y sólo Él está en la cima de todo liderazgo: nadie le puede recompensar. Todo lo que Él hizo, lo hizo como Él quiso y lo hizo para Él. Por esta razón el barro no tiene derecho a cuestionar al alfarero (Is 29:16; Ro 9:21), sino únicamente seguir sus leyes, obedecerle y darle gloria por siempre.

ROMANOS

CAPÍTULO 12

Deberes cristianos (Rom 12:1-21)

12:1,2 "Así que, hermanos, os ruego por las misericordias de Dios, que presentéis vuestros cuerpos en sacrificio vivo, santo, agradable a Dios, que es vuestro culto racional. ²No os conforméis a este siglo, sino transformaos por medio de la renovación de vuestro entendimiento, para que comprobéis cuál sea la buena voluntad de Dios, agradable y perfecta".

Introducción: en los capítulos anteriores el Apóstol habló de doctrina. Sin embargo, era necesario que los romanos no solo aprendieran la doctrina, sino que supieran aplicarla y aprendieran a ser verdaderos creyentes.

La pedagogía moderna indica que al individuo se le enseña a aprender, se le enseña a hacer y se le enseña a ser. Pablo estaba haciendo lo mismo en su carta a los romanos, les mostraba la forma de servir a Dios con todo su ser. No de oídas, sino con su vida en forma integral: espíritu, alma y cuerpo.

En los capítulos siguientes con un estilo fino y claro, los exhorta en un tono suave, recordándoles las misericordias de Dios. A vivir santamente, reuniendo tres características que debe tener cada creyente al presentarse ante Dios:

1.- **Sacrificio vivo**, a diferencia de los corderos que se presentaban en sacrificio en tiempos del AT, los cuales no tenían conciencia de pecado, solo los escogían por no tener defectos, y los ofrecían en el lugar del pecador. Era muertos y presentados en el altar.

El creyente se presenta en forma consciente de que ha cometido pecado y que debe arrepentirse y abandonar su vieja manera de pensar y de vivir. Se presenta voluntariamente, no tiene que dar su vida, pues Cristo ya la ha dado por él; sólo tiene que presentarse no para muerte, sino para vivir en la voluntad gloriosa de los hijos de Dios. Los no creyentes viven muertos en pecado, los hijos de Dios tienen vida en Cristo.

2.- **Santo**, apartado del mundo, pero al mismo tiempo viviendo en el mundo agradando a Dios. El cordero del sacrificio era sin defecto físico, el creyente diariamente debe presentar su cuerpo en sacrificio santo, sin pecado, sin mancha, sin imperfecciones, y no se refiere solo a lo exterior, sino a lo interior, porque Dios todo percibe, aun los pensamientos.

3.- **Agradable a Dios**, existen cosas que son agradables a Dios y otras no. Abel y Caín trajeron ofrendas a Dios, lo mejor de lo mejor, pero la ofrenda de Caín no agradó a Dios, a pesar de llevar los mejores frutos, no fue de olor grato. Sin embargo, Abel presentó los primogénitos de los corderos, creyó al decreto divino, *"alcanzó testimonio de que era justo"* (Hebreos 11:4) y su ofrenda se elevó con olor grato.

Para agradar a Dios hay que obedecer sus mandamientos. Puede un creyente ser fiel a su iglesia, asistir a los servicios, diezmar; pero si en su corazón existe una raíz de amargura, su sacrificio es vivo pero no agradable.

"Que es vuestro culto racional", en los templos del imperio romano se celebran los cultos a los dioses, con diversas modalidades y sus construcciones eran de variados materiales. Aun los judíos, en los pueblos donde se asentaron construían sus sinagogas.

Jehová de los ejércitos, el creador del universo y del hombre, escogió como su templo el cuerpo vivo de los creyentes, el único y especial, no hecho de mano humana, el que le pertenecía y que después lo volvió a comprar con el sacrificio de Cristo en la cruz del calvario.

El apóstol Pablo en 1 Corintios 6:19 recuerda: *"¿O ignoráis que vuestro cuerpo es templo del Espíritu Santo, el cual está en vosotros, el cual tenéis de Dios, y que no sois vuestros?"* Esto lleva a meditar que el culto racional es un estilo de vida del creyente, el cual es habitado por el Espíritu Santo y no puede compartir el espacio con algún pecado pues engloba todo el ser : espíritu, alma y cuerpo.

Nota histórica: El esclavo no tenía ningún derecho sobre su persona, pertenecía a su amo. Pablo se titulaba a sí mismo "huperetes", quien era el esclavo de más bajo rango, el que estaba designado a realizar las tareas más viles o despreciadas. Si acaso se participaba en un combate, le colocaban en las galeras o barcos de guerra, atándolo con cadenas en la parte baja para que fuera un remero y si el barco se hundía, allí moría el esclavo.

Antes el creyente era esclavo del pecado, pero con su salvación ahora pertenece a Dios.

Nota litúrgica: Todo lo que se realiza en un culto público de la iglesia debe tener un fuerte propósito espiritual: la lectura de la palabra de Dios, las oraciones, los cánticos de alabanza y adoración, testimonios, ofrendas, predicación, oración de intercesión por las necesidades y la oración de despedida o bendición. Cada creyente debe de asistir con la disposición de disfrutar de la presencia de Dios, de dar la honra y gloria a quien le hizo libre del pecado. Ese fue el diseño original de Dios que comenzó en las sinagogas, lo practicó la iglesia primitiva (Hechos 20:7-12) se reafirmó durante la Reforma y las iglesias cristianas con gozo lo celebran hoy.

El Salmo 95:1-7 Nos presenta un hermoso cuadro de la adoración que el Señor esperaba: En el culto lo que se debe rendir es alabanza, adoración. El salmo describe la liturgia del culto, el cual comprende cánticos con júbilo, aclamaciones alegres a Jehová, adoración, arrodillamiento delante de Jehová y deseo de escuchar su voz. Una total entrega y consagración a Dios.

El culto racional es la adoración que cada creyente consciente, con devoción, le rinde a Dios, no aprendida, no imitada, no repetitiva, sino de lo profundo del corazón, con gratitud y gozo.

Desde esa época el apóstol ya exhortaba a no conformarse a este siglo, es decir no seguir sus normas. No seguir a lobos rapaces que llegan a las iglesias con doctrinas erróneas a endulzar el oído los creyentes. Por ello les instó a ser transformados en todo su entendimiento, a dejar atrás toda costumbre religiosa y pagana, a buscar la voluntad de Dios agradable y perfecta. *"pues la voluntad de Dios es vuestra santificación" 1 Tesalonicenses 4:3*

Conforméis vs transformados el conformarse es seguir igual; como el que solo lava su cara y se peina, pero no se baña, sigue sucio del cuerpo, así es el que se conforma, asiste al culto, pero sigue llevando el mismo estilo de vida en el pecado.

La transformación del griego *metamorphousthe* es un cambio interior, sigue siendo igual en el exterior, pero por dentro ha sufrido un cambio de pensamiento, de alma, de mente; deja de ser egocéntrico, para convertirse en cristocéntrico. La mariposa sigue teniendo la esencia de una oruga, pero deja de ser oruga o gusano, cuando le brotan las alas y las patas. El creyente de la misma forma deja de caminar como lo hacia antes, ahora camina con Cristo. La metamorfosis es un cambio de apariencia, sigue siendo la misma persona, pero su carácter, sus pensamientos, son ahora de bien y de bendición.

Transformación no es ir con todas las modas del mundo, cambiando a cada momento, el apóstol Pablo se está refiriendo a dejar atrás la vieja manera de actuar y de pensar, para reflejar la imagen del Señor (2 Co 3:18)

12:3-5 "Digo, pues, por la gracia que me es dada, a cada cual que está entre vosotros, que no tenga más alto concepto de sí que el que debe tener, sino que piense de sí con cordura, conforme a la medida de fe que Dios repartió a cada uno. ⁴Porque de la manera que en un cuerpo tenemos muchos miembros, pero no todos los miembros tienen la misma función, ⁵así nosotros, siendo muchos, somos un cuerpo en Cristo, y todos miembros los unos de los otros".

Los regalos que Dios ha puesto en las manos de sus hijos, han sido dados conforme a la medida de la fe. Esto no quiere decir que se deban sentir más que los que tienen un don diferente o que realizan diferentes actividades. Es tan importante el que profetiza, como el que da con generosidad, ninguno debe actuar con altivez, sino con prudencia, sensatez, reflexión y responsabilidad.

En las empresas y sociedades se manejan organigramas, señalando la posición de cada uno dentro de la organización; funcionan una gama de empleados desde un gerente general hasta el empleado de la limpieza; cada persona tiene actividades específicas que realiza cada día y de esa forma la empresa puede conducirse con éxito.

Lo mismo sucede en la iglesia, Dios ha dado dones o ministerios diferente a cada creyente, algunos son los encargados de hablarles a los perdidos, otros dan el mantenimiento al edificio, otros hacen los programas para los servicios y organizan las actividades de la iglesia. Algunos más desarrollan el ministerio de visitación a hogares, hospitales o reclusorios, todos como parte de la iglesia, realizando el evangelio de Cristo su bendita obra y que la membresía crezca en cantidad y en espiritualidad.

Ninguno tiene un cargo más importante que otro, el Señor Jesucristo fue claro en este aspecto, *"el más importante entre ustedes será siervo de los demás"* (Mt 23:11 NVI). En el reino de los cielos no se usa la lógica humana, en la obra de Dios, el único mayor que el templo es Jesús.

Así como el cuerpo humano tiene muchos miembros y si le falta la oreja está incompleto, o si no tiene un pie, no puede correr como un cuerpo completo, aun el vello que se ve insignificante cumple una función muy importante. De la misma forma cada creyente en el cuerpo de Cristo tiene un gran trabajo que desempeñar, nadie sobra, todos son útiles. (1 Co 12:14-26).

Pablo presenta una ilustración de la utilidad de cada uno de los miembros del cuerpo, para mostrar que nadie puede sentirse superior a otro, pues aunque son diferentes, son de utilidad unos a otros. Antes de Pablo no se había utilizado esta ilustración para ejemplificar las funciones de la iglesia como el cuerpo de Cristo. La perspectiva divina ve a cada creyente igual en su diferente función; no hay preferidos, ni consentidos por cada uno se pagó el mismo precio, todos son valiosos y especiales.

12:6-8 *"De manera que, teniendo diferentes dones, según la gracia que nos es dada, si el de profecía, úsese conforme a la medida de la fe; ⁷o si de servicio, en servir; o el que enseña, en la enseñanza; ⁸el que exhorta, en la exhortación; el que reparte, con liberalidad; el que preside, con solicitud; el que hace misericordia, con alegría"*.

Los dones *"charismatas"* son regalos de Dios para el servicio a los creyentes. W.Barclay, el reconocido comentarista, titula este párrafo "Todos para uno y uno para todos", porque el Espíritu Santo capacita a cada persona para realizar una actividad específica dentro de la iglesia que va a beneficiar a todo creyente. No se encuentran en el orden que se esperaría puesto que todos tienen el mismo valor y sería hermoso que en todas las congregaciones existieran. Dios provee de dones a cada creyente, el apóstol Pablo cita en Efesios 4:7-11, la profecía sobre Cristo en el Salmo 68:18 en donde se manifiesta que Cristo subiría a los cielos, derrotaría a sus enemigos y daría esos dones a los hijos de Dios. Cada uno tiene una actividad que desempeñar. José M. Saucedo V., en su libro

Romanos menciona que los dones no son dados por los líderes; sino por Dios, y que hay iglesias donde el creyente se encuentra sirviendo en otras actividades, en lugar de desarrollar su don.

a) **"Profecía"** *prophètaia,* Dios desde la antigüedad se ha comunicado con la humanidad a través de los profetas, quienes han dado mensajes divinos que puede ser la predicción de un acontecimiento futuro (Hch 21:10,11), la instrucción de Dios para que sus siervos hagan lo que tienen que hacer (Hch 13:2) o también exhortación y consolación (Hch 15:32) Este don debe usarse según la medida de la fe (12:3) y debe apreciarse. La iglesia no debe pasar por alto el evaluar las palabras del profeta (1 Jn 4:1), la congregación debe discernir las palabras del profeta y cuidarse de los falsos, sin exagerar.

b) **"Servicio"** *diakonía,* Este servicio nació con la iglesia (ver comentario Hch 6:1-7) para servir las mesas, atender a las viudas, discipular a los nuevos creyentes. Es un regalo que solo Dios puede dar a los creyentes para tener esa sensibilidad espiritual que les ayuda a ver la necesidad de sus hermanos, sin ningún interés económico, o cansancio físico, sino con amor a la obra de Dios y a sus hijos.

c) **"Enseñanza"** *didaskalia,* es la acción de enseñar y el mejor maestro que dejó un ejemplo fue el Señor Jesucristo, quien a la par que suministró enseñanzas a sus discípulos acerca del reino de los cielos, les enseñó, también a vivir conforme a la voluntad de Dios en la tierra. El don de la enseñanza, va más allá que ir a dar la clase el domingo, ya que el que tiene el don, diseña enseñanzas acordes a las necesidades de sus alumnos, no necesita un gran púlpito. En donde observa una conducta a modificar, pone manos a la obra y empieza a trabajar enseñando conforme a la Palabra de Dios. Deuteronomio 6 indica como la enseñanza se da en todo momento y en todo lugar, siempre recordando: *"Amarás a Jehová tu Dios de todo tu corazón, y de toda tu alma y con todas tus fuerzas",* un mandamiento que debe aprender todo hijo de Dios. Enseñar es explicar detalladamente de manera que los oyentes lo puedan entender fácilmente.

d) **"Exhortación"** *paraklései,* "llamar del lado de". Proviene de la palabra griega *paracleto* "consolador" que es el Espíritu Santo. Algunos creyentes poseen ese don pastoral que mueve a estar al lado del necesitado, para animarlo y ayudarle en muchas áreas. El propósito supremo es animar a los creyentes, rescatarles del infierno. Los bomberos tienen una regla: "ante el peligro nunca abandones a tu compañero". Dios ha capacitado dentro de su iglesia personas con ese don de levantar al caído, al débil en la fe. La Biblia muestra el ejemplo de Bernabé "hijo de consolación" quien con su ministerio dio un ejemplo a Pablo y Juan Marcos del don de la exhortación. Inicio con Pablo el primer viaje misionero llevando a Juan Marcos, guiándoles. Cuando Pablo ya estaba listo, "lo dejó ir" con Silas. Bernabé volvió a buscar a Juan Marcos, para que hiciera con él el trabajo misionero.

e) **"Reparte"** *metadidous*, compartir con generosidad y sencillez, esto es, el que tiene el don da, y no piensa en lo material, ni en sus fines egoístas. El que da con liberalidad, no pide fanfarrias, ni busca el reconocimiento. Hace lo que el sagrado libro dice: …. *"no sepa tu izquierda lo que hace tu derecha".* (Mt 6.3)

f) **"Preside"** *prostaistamenos*, se refiere al liderazgo en la iglesia, disposición a servir con esmero y solicitud a los creyentes. Jesucristo es la cabeza de la iglesia, sin embargo, es necesario que haya orden entre los miembros, por ello, usa miembros del cuerpo que tienen la habilidad de organizar y dirigir a los creyentes. Por tal motivo Dios a través del Espíritu Santo ha capacitado a personas para que con disposición realicen este trabajo.

g) **"Misericordia"** *ho eleon*, sentir empatía con la persona que está pasando por alguna tribulación o angustia, colaborar con ella con gozo, no sentirse afligido o perturbado, sino con la alegría de estar ahí y de poder extender una mano amiga.

Para meditar cada creyente ha recibido por lo menos un regalo especial de parte de Dios; por su gracia infinita el capacita a sus hijos para desempeñar un trabajo en el cuerpo de Cristo. Corresponde a los creyentes ir destapando su regalo para poderlo usar, aunque la envoltura no sea hermosa y el don no sea el de los más apreciados.

12:9,10 *"El amor sea sin fingimiento. Aborreced lo malo, seguid lo bueno. ¹⁰Amaos los unos a los otros con amor fraternal; en cuanto a honra, prefiriéndoos los unos a los otros".*

En el griego existen varios términos para referirse a la palabra amor. *Agape,* es una importantísima y se traduce como amor divino, el amor sublime desinteresado que tiene Dios para con el hombre (Jn 3:16) y mora en cada creyente al aceptar a Jesucristo como su salvador (1 Jn 4:8). Este amor no puede ser cambiante, no se ama porque se pueda obtener algo; se ama sin esperar ser correspondido. El capítulo 13 de 1 Corintios lo describe ampliamente, como ningún otro: es benigno, todo lo cree, todo lo puede, todo lo soporta y once características más.

Así que en la iglesia del Señor no cabe la hipocresía, se ama a las personas, porque también han sido lavadas con la sangre de Cristo y se han transformado en hermanos en la fe. Aun si ellos son débiles en la fe y aun maltratan o rechazan a sus nuevos hermanos, el amor de Dios en la vida del creyente, lleva a amar por igual sin resentimientos.

"Amaos los unos a los otros con amor fraternal", el griego utiliza la palabra *philostogoi* para describir el amor entre hermanos en Cristo. Este es un cariño y/o afecto que lleva a cuidar, respetar, honrar, a los hermanos de la iglesia. Este amor lleva consigo seguir lo bueno, lo que beneficia a la obra, lo que ayuda a los creyentes, lo benigno, un amor puro, sin reservas, sin fingimiento, por ello se desecha todo lo malo, lo que destruye, traiciona y defrauda.

Para el apóstol Pablo era muy importante que entre los hermanos de la iglesia de Roma hubiera armonía, colaboración y cooperación; cada uno siendo una parte importante en el engranaje de la iglesia, pues el hombre por naturaleza tiende a establecer relaciones sociales complicadas. Mas en la nueva vida en Cristo la primera virtud del fruto del Espíritu Santo es el amor, el cual no se puede esconder. Se muestra en todo momento.

12:11-13 *"En lo que requiere diligencia, no perezosos; fervientes en espíritu, sirviendo al Señor; ¹²gozosos en la esperanza; sufridos en la tribulación; constantes en la oración; ¹³compartiendo para las necesidades de los santos; practicando la hospitalidad".*

Estas son características o muestras de que el amor divino mora en cada creyente, porque muestra disposición para resolver con rapidez e interés lo que deba hacerse, Efesios 4:28 insta a trabajar para tener que compartir con el que padece necesidad. El libro de Proverbios ahonda sobre la pereza y presenta la ilustración de las hormigas, como animales diligentes que proveen del alimento y cuidado para todo el hormiguero.(Pr 6:6-9).

Además de diligentes los creyentes deben mostrar entusiasmo y *"ser fervientes en espíritu"*, y también prestar sus servicios en la obra del Señor.

¿Cómo debe ser el comportamiento del verdadero creyente?

a) *"Gozosos en la esperanza"*. El Dios de esperanza llena los corazones de gozo y paz. *"Aunque la higuera no florezca, ni en las vides haya fruto, aunque falte el producto del olivo. Y los labrados no den mantenimiento, Y las ovejas sean quitadas de la majada, Y no haya vacas en los corrales; con todo, yo me alegraré en Jehová, Y me gozaré en el Dios de mi salvación"* Habacuc 3:17,18. El profeta con esa certeza detallaba la actitud que debe mostrar el creyente en las circunstancias más adversas por las que se pase. El pueblo judío ha dado muestras siglo tras siglo de superar situaciones de escasez y sufrimiento. Los cristianos no hemos de ser menos y decir como ellos: *con todo, yo me alegraré en Jehová, y me gozaré en el Dios de mi salvación.*

b) *"Sufridos en la tribulación"*. Un fruto del Espíritu Santo que ayuda y fortalece en los momentos de tribulación es la paciencia. El salmista David acertadamente decía *"aunque ande en valle de sombra de muerte, no temeré mal alguno porque tu estarás conmigo, tu vara y tu cayado me infundirán aliento"*. Salmo 23:4. El gozo de la esperanza va de la mano con las luchas que se pueden enfrentar en el caminar del creyente. Siempre resaltará la seguridad que Dios está a su lado para sostenerlo. El apóstol Santiago toma el ejemplo de aflicción y paciencia que mostraron los profetas y también menciona el caso de Job y como soportó la prueba (Santiago 5:10,11).

c) ***"Constantes en la oración".*** Hablar de constante es referirse a estar en comunión con Dios en todo momento. Cuando Jacob se quedó solo esa noche, luchó con un varón hasta que rayaba el alba, no le soltó hasta que recibió la bendición (Gn 32:24-26); el creyente debe orar hasta conseguir la bendición de Dios. El salmista expresa gozoso: *"tarde, mañana y mediodía oraré y clamaré a Dios"* (Salmo 55:16,17). Orando en todo momento con súplica, intercediendo por otros.

d) ***"Practicando la hospitalidad".*** El amor que mora en el creyente se hace muy visible cuando se tiene. Dice un dicho popular "el amor y el dinero no se pueden esconder". El creyente que tiene a Cristo en su corazón comparte con los necesitados en la fe y con su familia y es también hospitalario. La iglesia primitiva se caracterizó por poseer estas cualidades, el apóstol Pablo en sus viajes misioneros fue hospedado por los hermanos en la fe; en cada sitio que recorría buscaba a los hermanos, quienes se encargaban de darle alojamiento y alimento. Aquila y Priscila lo hospedaron por meses, para que tuviera tiempo de escribir varias de sus epístolas. También el profeta Eliseo fue hospedado por una mujer de Sunem (2 Reyes 4:8-11). El Señor Jesús era recibido con júbilo por sus amigos María, Martha y Lázaro, y es muy posible que hizo de la casa de Pedro su cuartel general en Capernaum.

Para meditar: con las complicaciones de la vida moderna, la hospitalidad mostrada en la antigüedad ha ido quedando en el pasado. Sabiamente se debe seguir practicando sobre todo con la familia y los hermanos en la fe; no solo dando ayuda económica, sino prestando o acomodando en ocasiones especiales el espacio donde se mora. *"No os olvidéis de la hospitalidad, porque por ella algunos, sin saberlo, hospedaron ángeles". Hebreos 13:2.* La hospitalidad en una cualidad cristiana que se debe brindar cuando se puede, pues ofrece un lugar seguro al hermano que lo necesita.

> *12:14-18 "Bendecid a los que os persiguen; bendecid, y no maldigáis. ¹⁵ Gozaos con los que se gozan; llorad con los que lloran. ¹⁶ Unánimes entre vosotros; no altivos, sino asociándoos con los humildes. No seáis sabios en vuestra propia opinión. ¹⁷ No paguéis a nadie mal por mal; procurad lo bueno delante de todos los hombres. ¹⁸ Si es posible, en cuanto dependa de vosotros, estad en paz con todos los hombres".*

¡Cuán difícil es llevar a la practica esta exhortación **bendecid a los que os persiguen**! Cómo hacer eso cuando el instinto es defenderse para salvar la vida. Un ejemplo hermoso se encuentra en la Biblia, David jamás hizo mal al rey Saúl, sin embargo, el cántico de las mujeres fue un tanto provocador. ..."*Saúl hirió a sus miles y David a sus diez miles*" (1 Samuel 18:7) que causó enojo en el rey e inicio una gran persecución contra David. Tuvo oportunidades David de quitarle la vida al rey, sin embargo, dentro de él estaba la unción del Espíritu Santo y el discernimiento, que le hizo no hacer daño al ungido de Jehová.

En el creyente mora el Espíritu Santo que llena de paciencia, bondad y templanza, para poder bendecir a los que quieren causarle daño. Fácilmente pudiera salir una maldición en lugar de una bendición, el ego del ser humano es algo difícil de doblegar, pero con la ayuda del Espíritu Santo, se puede tener humildad y mansedumbre.

"Unánimes entre vosotros no altivos". De una forma explicita el apóstol Pablo retoma la idea que mencionó en el versículo 3 *"nadie tenga más alto concepto de sí, que el que debe tener"*. Así como el cuerpo humano necesita de todos sus órganos, y cada uno realiza las funciones que le corresponde hacer, así en la iglesia cada creyente debe desarrollar los dones que posee, unido a otros creyentes para servir a la iglesia. Cuando se refiere a la humildad, no se está pensando en gente pobre, sino en gente con disposición de servir, en personas dispuestas a colaborar en los trabajos que ayuden a los creyentes y que sean necesarios dentro del templo y que también impacten a la sociedad (Hebreos 13:3). Aquí no caben los que crean que solo sus ideas o proyectos son brillantes.

En la frase anterior el apóstol decía, *bendecid a los que os maldicen*, y para reafirmar que en donde mora el amor divino no puede haber venganza, afirma: **No paguéis mal por mal**. La ley del talión decía ojo por ojo y diente por diente y los frutos de la carne expresan algo similar. Sin embargo, el gran mandamiento dice *"Y amarás al Señor tu Dios.... y a tu prójimo como a ti mismo..."* (Mt 12:30,31) eso incluye a los hermanos en la fe y a los que no conocen a Dios y esto se hace naturalmente por obediencia, por testimonio y porque Dios ha puesto en cada uno de sus hijos poder y dominio propio. El proverbista da un excelente consejo: *"No digas: yo me vengaré; espera a Jehová, y Él te salvará"* Proverbios 20:22.

El Señor Jesús en Mateo 5:39 (ver comentario Mt 5:38-42) presenta un desafío para la nueva criatura sobre cómo dar bien por mal, si te hieren en una mejilla poner la otra; si te quieren hacer pleito para quitarte la túnica, dar también la capa; si te obligan a cargar una milla, ir dos; y al que quiera prestado no se lo niegues.

Seguid lo bueno unos con otros, y para con todos (1 Ts 5:15; 1 Pe 3:9), sabiendo que el creyente ha sido llamado para bendición.

> ***Si es posible, en cuanto dependa de vosotros, estad en paz con todos los hombres"***. La clave para lograrlo, está en la frase: *"en cuanto dependa de vosotros"*, es decir el creyente debe dar el primer paso. Esto se aplica en el seno de la familia, en el trabajo, dentro de la iglesia, los sitios donde la persona se mueve todos los días y que pueden ser focos de conflictos. Los demás sitios no dependen de nosotros. (Mr 9:50; 2 Co 13:11; 1 Ts 5:13).

12:19-21 "No os venguéis vosotros mismos, amados míos, sino dejad lugar a la ira de Dios; porque escrito está: Mía es la venganza, yo pagaré, dice el Señor. ²⁰Así que, si tu enemigo tuviere hambre, dale de comer; si tuviere sed, dale de beber; pues haciendo esto, ascuas de fuego amontonarás sobre su cabeza. ²¹ No seas vencido de lo malo, sino vence con el bien el mal".

La razón por la que el creyente no debe buscar venganza, es porque puede salir lastimado, porque al actuar por sí mismo lo hace con ira, entra el deseo de destruir al oponente, quien también es criatura de Dios y tal vez su hijo. Dios en su infinita misericordia hace justicia y juicio a todos los que padecen violencia.

El creyente desearía que de inmediato desaparecieran sus opresores, sin embargo, Dios tiene sus tiempos y no da más cargas de las que se pueden llevar.

"mía es la venganza, yo pagaré..." el apóstol está citando Deuteronomio 32:35, dentro del cántico de Moisés despidiéndose de su pueblo. La prerrogativa es de Dios, el creyente no debiera interferir en los juicios del Padre Celestial; debe confiar en que lo que Dios hace será perfecto y en el tiempo correcto.

"Así que, si tu enemigo tuviere hambre, dale de comer; si tuviere sed, dale de beber; pues haciendo esto, ascuas de fuego amontonarás sobre su cabeza." La Biblia NTV (nueva traducción viviente) ayuda a entender mejor esta última parte, *"amontonarás carbones encendidos de vergüenza sobre su cabeza".* Es sencillo corresponder a los que nos aman, pero darle de comer y de beber al enemigo, cuesta mucho; sin embargo el apóstol estaba poniendo como comúnmente se dice la cereza en el pastel, acerca de mostrar el amor filial, no solo a los creyentes y no creyentes; sino también a los enemigos.

En todo tiempo se levantan enemigos, y el creyente no está exento, por el contrario encontrará tropiezos que busquen alejarlo de Dios, haciéndole caer en la tentación de cobrar venganza.

Puede que sucedan dos cosas al ayudar a los enemigos:

    a. Agradezcan y se conviertan en amigos.

Suele suceder que por mal entendidos la gente se aleja de la familia o de los que le rodean hasta llegar a ser enemigos. El actuar a favor del enemigo es más que bendecir al que le maldice, es más que no pagar mal por mal. Es acercarse y ofrecerles de lo que uno posee, es ofrecer en sus manos alimento y bebida. Eliseo el profeta pidió al rey de Israel que diera pan y agua a sus enemigos, éste hizo una gran comida y alimentó al ejército contrario, éstos volvieron a sus señores y nunca mas les hicieron guerra. (2 Reyes 6:20-23).

    b. Ascuas de fuego se amontone sobre su cabeza.

El dar alimento y bebida al enemigo es un mandamiento antiguo, (Pr 25:21,22) que al recibir de mano de su enemigo, lo que tanto necesita, se le cae la cara de vergüenza, siente punzadas de dolor en la cabeza al ver la bondad de su enemigo. *"carbones encendidos de vergüenza sobre su cabeza",* como se citó antes.

Nota ética El verdadero creyente practica lo que dice la palabra de Dios, no porque tenga miedo a la ira de Dios, o por ser un ignorante. Lo hace porque en él mora el Espíritu Santo, quien le llena de amor y gozo para servir a su prójimo.

"No seas vencido de lo malo, sino vence con el bien el mal". Un consejo que los creyentes romanos debían tener muy en cuenta, en todo momento tener la armadura de Dios bien puesta (Ef 6:13-18), pues la lucha es constante, no contra carne y sangre, sino contra potestades de las tinieblas que se levantan en contra del creyente. La NTV pone la expresión invertida: ***"vence el mal haciendo el bien".***

El Señor Jesús en la cruz del calvario dejo el mayor ejemplo de vencer el mal haciendo el bien. Cuando todos gritaban ¡crucifícale, crucifícale!, con mirada de amor expresó: *"padre perdónalos, porque no saben lo que hacen"*, y perdonó todo el pecado del mundo. El creyente jamás sufrirá tanto como Jesús.

ROMANOS

CAPÍTULO 13

Continuación – Deberes cristianos (Rom 13:1-14)

13:1 *"Sométase toda persona a las autoridades superiores; porque no hay autoridad sino de parte de Dios, y las que hay, por Dios han sido establecidas".*

Aprovechaba Pablo todas las circunstancias para derramar un caudal de instrucción, enseñanza y exhortación a los creyentes que como recién nacidos, anhelaban conocer como vivir una vida plena que agradara al Supremo Rey. El ser humano está diseñado para convivir con sus semejantes, desde la creación Dios dijo no es bueno que el hombre esté solo. El perfecto diseñador de las relaciones sociales tuvo cuidado de los pequeños detalles, creando sistemas gubernamentales, para que hubiese armonía entre los ciudadanos.

Sométase, palabra que tiene la misma raíz verbal griega de *"sujetarse"*, del versículo 13:5. Esto quiere decir que está colocado bajo *la autoridad de,* o *sumiso a.* Someterse es la acción de respetar y aceptar la autoridad de otra persona.

Por ejemplo: Jesús se sometió a la voluntad de su padre cuando dijo:......*Padre mío, si es posible pase de mí esta copa; pero no sea como yo quiero, sino como tú. Mateo 26:39*

El esclavo obedece al amo, hace lo que le mandan pero puede llegar el momento de rebelarse e irse. La esposa cristiana obedece y hace realidad aun los deseos del esposo, porque hay un amor especial que la une a él, jamás piensa en irse, sino que cada día se siente orgullosa de pertenecer a su amado.

La orden bíblica es suprema, pone en un nivel elevado a la palabra someter, es decir poner orden, establecer leyes que normen el bien y el buen vivir; que haya paz entre las estructuras sociales y desde luego respetar y honrar a todos los que están en un cargo o responsabilidad. Ninguna persona queda fuera de esta orden divina.

"a las autoridades superiores". El Nuevo Testamento perfectamente señala quienes son las autoridades superiores para que no quede duda alguna, a quienes se le debe sometimiento: al rey y a los gobernadores (1 P 2:13-14; Tito 3:1), a los maridos (1 P 3:1,5; Col 3:18), a los amos (1 P 3:18), a los ancianos (1 P 5:5), a los líderes en la fe (1 Co 16:16), unos a

otros (Ef 5:21), a Cristo (Ef 5:24), y a Dios (Stg 4:7). Contextualizando se diría que Pablo mencionó reyes, el equivalente moderno de presidentes, y a los gobernadores, que se aplica a cargos de rango notable.

La autoridad terrenal no está por encima de su creador, pues es un privilegio que Dios concede. Cuando una autoridad terrenal, quiere interferir con la autoridad de Dios, el creyente se debe someter a la autoridad de Dios, con los riesgos que implica. (Dn 3:28; Hch 5:29).

Nota histórica: la iglesia primitiva enfrentó una lucha con el gobierno religioso, que tenía el poder civil y dejó un ejemplo para las edades. Se les estaba prohibiendo que predicaran sobre el Señor Jesucristo y valientemente los apóstoles Pedro y Juan declararon: *"es necesario obedecer a Dios antes que a los hombres"* (Hechos 5:29). No fue fácil, fueron encarcelados y azotados varias veces, pero *"salieron de la presencia del concilio, gozosos de haber sido tenidos por dignos de padecer afrenta por causa del Nombre. Y todos los días, en el templo y por las casas, no cesaban de enseñar y predicar a Jesucristo"* (Hechos 5:41.42). Al estar escribiendo Pablo esta carta por el año 58 ya habían pasado 25 años de siembra y cosecha y la iglesia avanzaba vigorosa por todo el Imperio.

> El verdadero creyente pone el nombre de Cristo en alto, al dar buen testimonio, al orar por sus autoridades y en ningún momento promover la rebelión contra los órganos civiles de su país. (en muchos lugares se fomentan días nacionales de oración en lugares emblemáticos, logrando la participación de una gran mayoría de iglesias).

Dios es un Dios de orden, es por ello que estableció desde el principio autoridades que gobernaran y pusieran orden entre las personas. Nunca había estado Pablo en Roma, pero conocía del descontento que experimentaban los judíos cristianos y los gentiles bautizados, por la actitud de los romanos. Conocía de cómo se revelaba el pueblo en contra de los emperadores, pues estos eran crueles y sanguinarios y a muchos cristianos mataron sin piedad. En medio de todo era necesario enseñarles a obedecer como creyentes, a las autoridades civiles y a orar para que se transformaran en buenas autoridades.

Nota histórica: Aún la cultura helenista tan desarrollada en medicina, filosofía y educación, aceptaba las declaraciones estrafalarias de los emperadores considerándose dioses. De alguna manera, Julio César, Marco Antonio y Domiciano las personificaron y desde luego el extremo caso de Nerón que llegó a demandar adoración (aun cuando el famoso filósofo Séneca lo aconsejaba). Desde luego que los judíos con su férrea determinación de siglos, de darle honra y gloria tan solo al verdadero Dios, sufrieron mucho; y con ellos los valientes cristianos que se negaban aun a costa de sus vidas a honrarles como a un dios. Nerón César en su extravagancia llegó a ordenar que se le abriera el vientre a su propia madre, para observar en donde se había formado "ese niño dios". De allí proviene la solución moderna de "hacer una operación cesárea" a una madre, que tiene dificultades para tener un hijo en forma natural.

> No hay registro si algunas autoridades leían las epístolas. Anhelaba Pablo mostrar que los nazarenos no eran enemigos de la autoridad romana. Debían entender que al obedecer al gobernante, a Dios obedecían.
>
> En diversas ocasiones a Pablo le tocó ser librado por autoridades romanas (ver comentarios Hch 21:32, 23:10, 31,32) y también fue castigado por las mismas, pero en todo momento reconoció a las autoridades y se sujetó a ellas. Pues conocía bien el Antiguo Testamento que en Proverbios 8:15 recuerda: *"Por mi reinan los reyes y los príncipes determinan justicia"* Aunque las autoridades sean paganas y no teman ni a Dios, ni a los hombres, por Dios han sido establecidas y a Él darán cuenta.

Para meditar: En la época de Pablo muchas personas se escudaban en su religión para evadir las obligaciones familiares y las responsabilidades cívicas; situación similar a la que ocurre hoy en día, aun entre los creyentes. Es bueno recordar que el verdadero creyente debe ser sumiso a las autoridades, obedecer las diversas leyes y esforzarse por dar un buen testimonio tanto en el área familiar como en el ámbito social.

"Por Dios han sido establecidas" La autoridad del gobierno humano se deriva de Dios y es definida por Él. Su propósito al instituir el gobierno humano fue recompensar el bien y restringir el pecado en un mundo malo y caído. Dios ha instituido cuatro autoridades en la tierra 1) el gobierno sobre todos los ciudadanos, 2) la iglesia sobre todos los creyentes 3) los padres sobre todos los hijos y 4) los jefes sobre todos los empleados. (Biblia MacArthur p.1567)

13:2-4 *"De modo que quien se opone a la autoridad, a lo establecido por Dios resiste; y los que resisten, acarrean condenación para sí mismos. ³ Porque los magistrados no están para infundir temor al que hace el bien, sino al malo. ¿Quieres, pues, no temer la autoridad? Haz lo bueno, y tendrás alabanza de ella; ⁴ porque es servidor de Dios para tu bien. Pero si haces lo malo, teme; porque no en vano lleva la espada, pues es servidor de Dios, vengador para castigar al que hace lo malo".*

El hombre al ser creado dependió del gobierno teocrático (esto se mantuvo en el pueblo de Israel hasta antes del Rey Saul). Dios fue quien le dijo que le pusiese nombre a todos los animales, y que no comiese del árbol del bien y del mal. Sin embargo, el libre albedrío del hombre, lo llevó a seguir sus impulsos y desobedeció a Dios. Dejó de tener comunicación con Dios, fue expulsado del huerto del Edén, recibió la consecuencia de su desobediencia, por sus pecados el hombre se separó de Dios. Entonces Dios tuvo que permitir que hombres se colocaran en posiciones de gobierno y el pueblo se sometiera a ellos.

Jesús predicó esta misma doctrina: *"Dad al César lo que es del César y a Dios lo que es de Dios"* Mt 22:22 (ver comentario de Mt 22:15-22) Jesús no separó la divinidad de las autoridades terrenales, le dio el lugar que les corresponde, reconociendo que por Dios fueron puestas. El obedeció y respetó a todos los gobernantes, dando ejemplo de pagar los impuestos.

Tres principios fundamentales en estos versículos del por qué se debe obedecer a la autoridad.

- La autoridad hace bien a quienes son buenos.

- La autoridad infunde temor al malo.

- La autoridad ha sido puesta por Dios para servir a la comunidad.

La autoridad civil no es un ministro al servicio de Dios, es un ministro al servicio de los conciudadanos, para hacer respetar la jurisprudencia y el principio de derecho que regula las relaciones personales. Cristo y la iglesia son quienes recuerdan a los gobernantes que su poder es autónomo, pero no absoluto, pues por Dios han sido puesto.

"No en vano lleva la espada". La espada es símbolo de la autoridad que se recibe, para ejercer el poder y conservar la paz con todo lo que sea necesario, utilizando las armas (espadas). Las tales no son solo un adorno de la vestimenta de la autoridad, pues se utilizan para castigar al agresor.

El castigo no es impuesto por Dios, el castigo lo impone la autoridad terrenal a los infractores de la ley, Dios permite, que así suceda pues el es el que tiene el dominio en el reino de los hombres (Dn 4:2). Aunque hay que diferenciar la autoridad, del autoritarismo, la persona que posee la autoridad hace cumplir la ley, aplica las sanciones que ya están estipuladas en las cartas magnas. El autoritarismo es el que hace cumplir sus órdenes y mandatos, impuestos por su persona, no por los legisladores que estudian las faltas que cometen los infractores y las sanciones que merecen.

La Biblia menciona en el Antiguo Testamento, que quien infringía la ley debía ser juzgado (Esdras 7:26; Pr 29:4,14; 1 Ti 2:2). Para que al cristiano se le hiciera más fácil respetar a las autoridades, Jesús envió al consolador, quien daba fortaleza y gozo a los apóstoles en el momento de adversidad. El ejemplo más notable e inspirador lo proporcionan Pablo y Silas llevados ante las autoridades por predicar la palabra de Dios, después de haber sido azotados con varas, y puestos en el último calabozo con los pies dentro del cepo, oraban y cantaban himnos a Dios. (Hch 16:16-25).

Nota Sociológica: Desde mediados del siglo XX, las personas han demeritado a la autoridad; se ha perdido el respeto y amor hacia los padres, hacia los hijos y hacia la pareja. Si no hay autoridad que se respete en el hogar, es muy probable que tampoco se respeten a las autoridades educativas y civiles.

Es momento que el verdadero creyente haga la diferencia, brille como una gran lumbrera en la sociedad, manteniendo su casa ordenada con reglas claras observadas por los padres y seguidas por los hijos, que se puedan cumplir. Y con el ejemplo se muestre respeto y cumplimiento a las leyes civiles, pues es la mejor forma de enseñar.

13:5-7 *"Por lo cual es necesario estarle sujetos, no solamente por razón del castigo, sino también por causa de la conciencia. ⁶Pues por esto pagáis también los tributos, porque son servidores de Dios que atienden continuamente a esto mismo. ⁷Pagad a todos lo que debéis: al que tributo, tributo; al que impuesto, impuesto; al que respeto, respeto; al que honra, honra".*

Sino también, una expresión, del griego *alla kai*, "que transforma de lo ordinario a lo supremo": el castigo se sufre en la tierra, con personas iguales a uno, en un plano ordinario, sin embargo, no es igual a luchar contra uno mismo, contra la propia conciencia; el pensar que esta ofendiendo a Dios, que se está oponiendo a su salvador. El primer verso de este capítulo es la clave, pues someterse y sujetarse tienen un significado similar, y quien se sujeta a la autoridad que ve y conoce, le es más sencillo someterse a Dios.

"El tributo" era un pago forzado, representaba en moneda el sometimiento a reyes y otras autoridades, también era la alabanza a aquellos a quien es debida. ¿Qué diferencia tiene con el impuesto? El impuesto era un pago obligatorio al estado, para costear los servicios públicos, generalmente se aplicaban a los productos que adquirían los consumidores. Semejante a lo que los ciudadanos pagan hoy. Es por ello que el apóstol Pablo hace la diferencia, pues en la época que fue escrita esta carta, los judíos tenían que pagar tributo a César, pero también tenían que pagar el diezmo al templo, como lo estipulaba la ley de Moisés. Esto era una pesada carga en la economía de los habitantes de las tierras conquistadas por Roma.

Los dos primeros conceptos, *"tributo e impuesto"*, eran algo físico. Los dos segundos: **"respeto y honra"** son cualidades morales, que se deben brindar a quienes lo merecen, ya sean personas mayores o dignatarios. Por eso la consigna sigue vigente: se debe orar y actuar hasta tener buenos gobernantes.

13:8-10 *"No debáis a nadie nada, sino el amaros unos a otros; porque el que ama al prójimo, ha cumplido la ley. ⁹Porque: No adulterarás, no matarás, no hurtarás, no dirás falso testimonio, no codiciarás, y cualquier otro mandamiento, en esta sentencia se resume: Amarás a tu prójimo como a ti mismo. ¹⁰ El amor no hace mal al prójimo; así que el cumplimiento de la ley es el amor".*

Es sublime imaginar como del inmenso amor de Dios y de su hijo Jesús, se desprenden estas enseñanzas para que la humanidad pueda imitar a su creador y salvador. Así que cuando el apóstol Pablo dijo *"no debáis a nadie nada"* no sólo se está refiriendo a impuestos o tributo, sino que los hijos de Dios deben de amar al prójimo incluyendo a todas las autoridades.

Hay infinidad de bendiciones que la Biblia menciona para los creyentes; el creyente puede evitar enredarse en endeudamientos, hay tretas del enemigo, como pedir prestado para para comprar esto o aquello que tal vez se necesita, pero muchas veces es superfluo. ¿No será más seguro pedirle al dueño del oro y la plata, al que dijo "que valemos más que muchos pajarillos", al que abrirá las ventanas de los cielos y derramará bendición hasta que sobre y abunde?

> **Para meditar:** Martín Lutero, el gran reformador, al comentar la porción del Padre Nuestro que dice: *"el pan nuestro de cada día, dánoslo hoy"*, interpretó "pan" como todo lo necesario para la preservación de la vida: alimento, casa, familia, clima, buen gobierno, paz. Las necesidades, y no "los lujos" de la vida.

El verdadero creyente debe confiar y obedecer los mandatos de Dios. El pedir crédito para adquirir bienes y servicios no es pecado, pecado es no cumplir con los pagos pactados. Los mandamientos que se mencionan en el versículo 9 son leyes para vivir en paz con la sociedad. El Antiguo Testamento los menciona en Éxodo 20:12-17 como mandato divino, sin embargo, Jesús en el Nuevo Testamento lo resume en uno: **amarás a tu prójimo como a ti mismo.** (ver comentario Mt 19:18, Lc 18:20).

El ser humano por naturaleza busca la manera de vivir bien, sus reflejos innatos lo llevan a reaccionar cuando cree que se puede caer, o lastimarse, busca de diversas maneras la felicidad, esto es bueno. La enseñanza de Jesús al joven rico puede parafrasearse: "ya procuraste tu felicidad y tu bien; ahora haz lo mismo con los que te rodean, dales para que satisfagan sus necesidades". Existen personas que no necesitan que se les den bienes, necesitan una oportunidad de aprender a trabajar o sólo una palabra de aliento. Un proverbio chino dice: "regala un pescado a un hombre y le darás alimento para un día, enséñalo a pescar y lo alimentarás para el resto de su vida".

> **Para meditar:** Si en el hogar donde se encuentran "los prójimos" más cercanos, los padres enseñaran a sus hijos a trabajar, a producir sus bienes, además de enviarlos a la escuela, no existirían los ninis y se estaría cumpliendo con la ley del amor. Eso es amar, compartir con los cercanos tiempo, dinero y esfuerzo. Los antiguos judíos tenían un proverbio práctico: "Quien no enseña a sus hijos un oficio, propicia que se convierta en un ladrón".

Agustín de Hipona, el llamado "doctor de la gracia", expresó: "Todos los hombres han de ser amados por igual. Pero ya que no se puede hace el bien a todos, debes prestar atención a aquellos que por accidentes de tiempo, lugar o circunstancia se ponen en relación más estrecha contigo".

Si en lugar de buscar el mal del compañero, se buscara siempre el bien, sin duda el amor prevalecería en el seno de la humanidad. La paz y la convivencia social reinarían en la tierra.

13:11,12 *"Y esto, conociendo el tiempo, que es ya hora de levantarnos del sueño; porque ahora está más cerca de nosotros nuestra salvación que cuando creímos. ¹²La noche está avanzada, y se acerca el día. Desechemos, pues, las obras de las tinieblas, y vistámonos las armas de la luz".*

No pierde oportunidad el apóstol Pablo para instar a los romanos a estar preparados, él estaba consciente de que ya fuera que Cristo viniera o la muerte llegara antes, era deber de todo creyente estar preparado. La iglesia primitiva esperaba con gozo la segunda venida de Cristo. Algo que la iglesia de cada generación ha vislumbrado. Esa esperanza debe prevalecer en nuestros tiempos.

a. *"Es hora de levantarnos del sueño".* (*"es hora de despertarnos del sueño"*, Biblia de las Américas). Es una metáfora para denotar inactividad y falta de preparación espiritual. Dicho más coloquialmente, es como si fuese el amanecer cuando los gallos empiezan a cantar, el momento de levantarse y dejar las sábanas, arreglarse para iniciar las actividades del día.

En esa forma figurativa, exhorta Pablo a la iglesia a dejar las costumbres y vicios de su vida pasada, a dejar las obras de la oscuridad, esa vida de adormecimiento espiritual. Es tiempo, (del griego *kairos*) es el momento oportuno, el tiempo favorable para que llegue la salvación.

Pablo utiliza la palabra tiempo en una forma general y la palabra hora, en una forma específica, refiriéndose a que ha llegado el momento especifico de levantarse, para ver con claridad todo lo que las tinieblas espirituales habían impedido. Es decir, una actitud permanente esperando la redención.

b. *"Desechemos pues las obras de las tinieblas",* (*"por eso, dejen de lado sus actos oscuros como si se quitaran ropa sucia"*- NTV=Nueva Traducción Viviente) esto lleva a despojarse del viejo hombre, a sacar del corazón toda malicia, a quitar toda inmundicia, a borrar las transgresiones. Evitar todo lo que se hace en lo oculto en donde nadie puede ver, o donde no se quiere que llegue la luz. *"Pero ahora dejad también vosotros todas estas cosas: ira, enojo, malicia, blasfemia, palabras deshonestas de vuestra boca"* Colosenses 3:8.

Las obras de las tinieblas se deben cancelar o alejar de la vida del creyente, como cuando una camisa está rota o manchada y que tiene que ser tirada a la basura porque ya no sirve. Toda obra de las tinieblas debe de ser "arrojada" y jamás volver a recogerla.

c. *"Vistámonos las armas de la luz",* (*"la armadura de la luz"* dice la NVI=Nueva Versión Internacional y otra versión, la NTV traduce: *"pónganse la armadura resplandeciente de la vida recta"*) las obras de la carne "llegan solas", casi implícitas en el caminar diario. Por eso es necesario vestirse con "la armadura resplandeciente de la vida recta", ayudados por el Espíritu del Señor.

La vestimenta espiritual del creyente se distingue porque lleva armas de justicia a la diestra y a la siniestra. Para vencer principados, potestades y gobernadores de las tinieblas de este siglo, huestes espirituales de maldad de las regiones celestes. Siempre vestidos como escogidos de Dios, con amor, mansedumbre, humildad y bondad.

Usando las armas espirituales que Dios ha dado, que son la coraza de justicia, predicando el evangelio de la paz, cuidando siempre la salvación, usando en todo tiempo la palabra de Dios, orando y creyendo en Dios porque solo a través de la fe se pueden apagar los dardos del enemigo.

13:13,14 *"Andemos como de día, honestamente; no en glotonerías y borracheras, no en lujurias y lascivias, no en contiendas y envidia, ¹⁴ sino vestíos del Señor Jesucristo, y no proveáis para los deseos de la carne".*

Tres tipos diferentes de pecados que afectan la vida del hombre; unos entran por la boca, otros envuelven el cuerpo y otros por la mente. Todos, pecados comunes desde el inicio de la humanidad, condenados en la Biblia (Gá 5:21; 1 Co 5:11).

1. **Glotonería y borracheras,** van íntimamente relacionadas (Ex 32:6) la comida de carne iba acompañada de vino y las fiestas se prolongaban hasta altas horas de la noche. El proverbio 23:20, advierte de ni siquiera estar junto a esos practicantes. *" no estés con los bebedores de vino, ni con los comedores de carne; porque el bebedor y el comilón empobrecerán y el sueño hará vestir vestidos rotos"*.

2. **Lujurias y lascivias** son pecados sexuales. El Diccionario de Teología de E. F. Harrison, define a la lascivia en dos matices: licenciosa y de desenfreno petulante. Sigue a la palabra lujuria, que significa inmoralidad sexual. En otras citas bíblicas se encuentra unida a la palabra fornicación, de la raíz griega *porné de* donde se deriva la palabra pornografía (2 Co 12:21; Gá 5:19). Estos descontroles sexuales se pueden manifestar en una horrible gama de desviaciones como son: adulterio, codicia, incesto, sensualidad, sodomía y promiscuidad sexual.

3. **Contiendas y envidia** son pecados del espíritu, se refieren al deseo obstinado de poseer a las personas y sus bienes y a una competencia o rivalidad por obtener mejores cosas que se envidian. Esos sentimientos negativos han llevado a la humanidad a la violencia y a las guerras.

Por ello, **"vestíos del Señor Jesucristo"**, gloriosas palabras. Ponerse la vestidura de Cristo es dejar que el creyente sea moldeado y formado por el carácter y el ejemplo del Señor. En todo momento la escatología estaba presente en los escritos de Pablo, cada persona debe de estar vestido para el gran día, imitando a Cristo, siendo como Cristo. Para el grandioso día en el que Cristo vuelva por su iglesia todo creyente debe de estar con la vestidura correcta.

Para meditar: de día las personas se visten de forma adecuada para las actividades que realizan: el bombero con uniforme, casco y botas; el agricultor con sombrero, camisa de manga larga y pantalón rudo; el salvavidas con ropa adecuada para nadar etc. etc. Así el creyente tiene que portar las vestiduras del nuevo hombre, conforme a Dios, viviendo en justicia y verdad. Siempre con la armadura puesta para vencer todos los embates del enemigo y cuando llegue una prueba, lucha o necesidad, preguntarse ¿Qué haría Jesús, en mi lugar? Y actuar en consecuencia.

Martín Lutero llegó a decir: "Un cristiano que ha sido tentado vale más que mil que no lo han sido".

ROMANOS

CAPÍTULO 14

Los débiles en la fe (Rom 14:1-23)

Nota introductoria: La Biblia de Estudio Ryrie, divide en 2 partes este capítulo: La primera cubriendo Romanos 14:-1-12, titulándola : "No juzgarse unos a otros" y la segunda abarcando Romanos 14: 13-23, titulándola "No hacer tropezar a otro". Por su parte, La Biblia de Estudio Vida Plena prolonga Romanos 14:1 hasta Romanos 15:6 titulando el pasaje, "Los débiles en la fe".

14:1 "Recibid al débil en la fe, pero no para contender sobre opiniones".

El tema de la epístola a los Romanos es la justificación por la fe en Cristo (3:21-26). Pablo explica, a través de la carta, los beneficios y resultados que conlleva la justificación. Desde el capítulo 13:8 hasta el 15:6 trata sobre la conducta del creyente como fruto de esta justificación. Por tal motivo, el justificado debe tener actitudes correctas hacía los demás creyentes, de esto trata el capítulo 14. La consideración que deben tener los cristianos más fuertes para con sus hermanos más débiles, lo cual es equivalente al gran mandamiento que nos dejó el Señor Jesucristo.

En cordial compañerismo cristiano se debe *"recibir al flaco en la fe"*, como se les llama en otra versión. ¿Quiénes son los "flacos en la fe"? La TLA (Traducción en Lenguaje Actual) dice: *"a los que todavía no entienden bien qué es lo que Dios ordena"*. Son aquellos cristianos cuya fe necesita una firmeza y amplitud que les eleve por encima de los escrúpulos pequeños. No se trata aquí ni de valor ni de carácter, sino de escrúpulos en cuánto a la comida o en relación a los días que debían de considerarse sagrados o no. Tampoco se trata de los "judaizantes" que querían forzar a los creyentes gentiles a ser circuncidados para guardar la ley, sino de personas escrupulosas, cuya conciencia no podía liberarse de arraigadas experiencias pasadas. Los judaizantes predicaban "otro evangelio", el cual Pablo condenó en la carta a los Gálatas (Ga 1:6,7).

Los hermanos "débiles en la fe" eran cristianos de la iglesia en Roma cuyos escrúpulos no precedían de ningún error fundamental sino de la sensibilidad excesiva de su conciencia.

Pablo exhorta a los creyentes "maduros" a "recibir" a estos cristianos débiles. Este acto se refiere a reconocer por medio del discernimiento del Espíritu, que los tales son hombres de fe. Tanto el débil como el maduro son miembros del mismo cuerpo al estar en Cristo. Por lo tanto, la asamblea debe dar el mismo trato a los cristianos "maduros" que a los "débiles".

Dice el apóstol: *"Si en algo no están de acuerdo con ellos, no discutan"* (TLA). No se les trata con el propósito de convencerles sobre algún punto en disputa, sino en plena confianza fraternal y en cordial intercambio de afecto cristiano.

14:2,3 *"Porque uno cree que se ha de comer de todo; otro, que es débil, come legumbres. ³ El que come, no menosprecie al que no come, y el que no come, no juzgue al que come; porque Dios le ha recibido".*

Las distinciones judaicas sobre carnes no existen en esta dispensación, por lo que se puede comer cualquier clase de comida con acción de gracias y sin escrúpulos. Dios en el Antiguo Testamento (Levítico 11) había prohibido comer carne de algunos animales llamándoles "impuros". Pero el creyente "maduro en su fe" tiene una comprensión completa del significado de la muerte y resurrección de Cristo como fin del antiguo régimen de sombras y principio de la nueva creación, como lo establece Pablo en 2 Co 5:14-18. Además, nuestro Señor Jesucristo declaró "limpios todos los alimentos" (Mr 7:19). Por lo tanto, ahora el creyente maduro disfruta de libertad en Cristo (Ga 5:1).

"Comer de todo" nos remonta a cuando Dios creó al hombre y le dio hierba verde para comer y también del fruto de los árboles (Gn 2:16), menos del "árbol de la ciencia del bien y del mal". Después del diluvio Dios le proporcionó al hombre por comida "todo lo que se mueve y vive" (Gn 9:3).

"Comer legumbres" se refiere a los creyentes que se convierten en vegetarianos creyendo que la carne de animales no se debe ingerir por ser dañina al cuerpo. Muchos cristianos judíos se hacían vegetarianos antes que correr el riesgo de comer carnes prohibidas o inmundas, que pudieran haberse ofrecido a los ídolos. Creían que las antiguas leyes eran obligatorias para todos los que seguían a Jesucristo. Esto revelaba que eran cristianos flacos en su fe. Pablo, hablando de los falsos maestros en los postreros días, en 1 Timoteo 4:3-5 expresa: *"y que prohíben tanto el matrimonio como el uso de ciertos alimentos, siendo así que Dios ha creado estas cosas para que los fieles, que conocen la verdad, disfruten de ellas dándole gracias. Pues todo cuanto Dios ha creado es bueno, y nada hay que sea pernicioso si se come dando gracias. Todo lo santifica la palabra de Dios y la oración".* El seguidor de Jesucristo no debe abstenerse de comer carne pues Dios ha purificado todo alimento.

El apóstol hace referencia a un principio fundamental entre los miembros del Cuerpo de Cristo: **no menospreciar ni juzgar** al hermano en la fe. El fuerte en la fe no debe menospreciar (arrogantemente tener en poco) al débil. Y el débil no debe juzgar (criticar) al que come de todo. La razón de este principio es que ambos, fuertes o débiles somos miembros los unos de los otros en el Cuerpo de Cristo. Si algo debe prevalecer entre nosotros es la unidad y el amor.

14:4 *"¿Tú quién eres, que juzgas al criado ajeno? Para su propio señor está en pie, o cae; pero estará firme, porque poderoso es el Señor para hacerle estar firme".*

La palabra "criado" en este versículo se refiere a un criado doméstico. ¿Cómo se sentiría el dueño de una casa si sus invitados critican a sus servidores? Cristo es la cabeza de la casa de Dios y todos somos servidores suyos, por tanto, no podemos estar criticándonos unos a otros, pues al final compareceremos delante de Él.

Pablo nos dice que el juzgar a un criado doméstico le corresponde al dueño de la casa porque *"para su propio señor está en pie"*. No importa cuales sean nuestras faltas o la actitud de los demás hacia nosotros, queda en pie la verdad de que nuestro Señor tiene poder para sostenernos delante de Él.

4:5,6 *"Uno hace diferencia entre día y día; otro juzga iguales todos los días. Cada uno esté plenamente convencido en su propia mente. ⁶ El que hace caso del día, lo hace para el Señor; y el que no hace caso del día, para el Señor no lo hace. El que come, para el Señor come, porque da gracias a Dios; y el que no come, para el Señor no come, y da gracias a Dios".*

Este es otro punto de la vida religiosa que revela las naturales diferencias de opiniones entre los creyentes en Roma y en que debían soportarse unos a otros. Pablo trata sobre los días "sábado", de "luna nueva" y de otras fiestas, a las cuales los cristianos convertidos del judaísmo no podían aún renunciar. En Colosenses, el apóstol hace mención al respecto diciendo: *"Por tanto, nadie os juzgue en comida o en bebida, o en cuanto a días de fiesta, luna nueva o días de reposo, todo lo cual es sombra de lo que ha de venir; pero el cuerpo es de Cristo"* Colosenses 2:16,17.

El que estima un día más que otro es el hermano débil, y el que considera todos los días iguales, para servir al Señor, es el maduro. El guardar días en el Antiguo Testamento era sombra de lo que vendría a ser la verdadera dimensión establecida por Jesús. Adoramos y servimos a Dios todos los días, no solo unos específicamente.

Pablo insiste en interpretar correctamente los móviles de los hermanos cuyas prácticas son disímiles. El que hace distinción del día, lo hace para la gloria del Señor y el que comprende el carácter sagrado de todos los días, también desea glorificar al Señor. El que come legumbres, lo hace con acción de gracias y el que come de todo, también lo hace con acción de gracias.

Cada hermano debe ser consecuente consigo mismo y con su conciencia: *"cada uno esté convencido en su propia mente"*. Cada uno tenga libertad sin ser juzgado por los demás. ¡Moisés nunca podría haber dicho cosa semejante! La ley no permitía ninguna libertad de acción en esta materia. Pablo dice que cada hermano debe tener libertad, cada uno debe adquirir una persuasión personal y firme, a fin de no obrar por el impulso de otro. En los asuntos religiosos, ninguno puede estar plenamente persuadido a menos de reposar sobre el fundamento de la verdad divina, de la verdad revelada. El apóstol Pablo no desea exhortar a los débiles a conservar sus errores, ni a edificar sobre arena movediza de sus propias opiniones, sino más bien a adelantar en un conocimiento cada vez más completo del evangelio, a fin de llegar así a una "plena persuasión". ¡Gloriosa libertad en la que vivimos por Cristo Jesús!

El punto esencial, en las cosas que no son claramente ordenadas o vedadas por la palabra divina, está en que hagamos todo en un espíritu de filial obediencia a Dios, y nada siguiendo nuestras propias decisiones.

4:7-9 *"Porque ninguno de nosotros vive para sí, y ninguno muere para sí. 8 Pues si vivimos, para el Señor vivimos; y si morimos, para el Señor morimos. Así pues, sea que vivamos o que muramos, del Señor somos. 9 Porque Cristo para esto murió, y resucitó, y volvió a vivir, para ser Señor así de los muertos como de los que viven".*

En este versículo Pablo da una razón y una conclusión: *"Porque ...; Así pues;"*. Pablo habla de la total consagración que el cristiano guarda en Cristo, una vida dedicada al Señor. El redimido de Cristo no pertenece ya a sí mismo, pertenece a Aquel que ha pagado su precio de rescate y que lo ha adquirido para su propiedad. En la segunda carta a los Corintios, Pablo dice: *"Porque el amor de Cristo nos constriñe, pensando en esto; que, si uno murió por todos, luego todos murieron; y por todos murió para que los que viven, ya nos vivan para sí, sino para Aquel que murió y resucitó por ellos"* (5:13-15).

La vida de Cristo, su muerte, su resurrección, toda su obra, es así considerada como el gran motivo por el cual el cristiano vive para Él en una íntima unión. La obra de Cristo ha sido la adquisición, la compra, la conquista de los vivientes y de los muertos. ¡Nadie ose tocar su propiedad!

El argumento en estos versículos es que cada uno de nosotros vive o muere decididamente para el Señor.

4:10-12 *"Pero tú ¿Por qué juzgas a tu hermano? O tú también, ¿por qué menosprecias a tu hermano? Porque todos compareceremos ente el tribunal de Cristo. 11 Porque escrito está: Vivo yo, dice el Señor, que ante mí se doblará toda rodilla, y toda lengua confesará a Dios. 12 De manera que cada uno de nosotros dará a Dios cuenta de sí".*

Parafraseando el inicio de este versículo: *"Pero creyente débil, ¿porque juzgas a tu hermano?; y creyente fuerte, ¿porque tienes en menos a tu hermano?* Pablo amonesta tanto al débil como al fuerte a aceptarse con sus diferencias.

La razón de la aceptación de nuestros hermanos débiles o fuertes es que *"todos compareceremos ante el tribunal de Cristo"*. Todos los manuscritos más antiguos y mejores mencionan aquí, "el tribunal de Dios". La frase "de Cristo" se interpoló sin duda de 2 Corintios 5:10 que dice: *"Porque es necesario que todos nosotros comparezcamos ante el tribunal de Cristo, para que cada uno reciba según lo que haya hecho mientras estaba en el cuerpo, sea bueno o sea malo".*

Nota doctrinal: ¿Los creyentes seremos juzgados? Sabemos, por lo que dijo Jesucristo en Juan 3:18 que: *"El que en él cree no es condenado";* y 5:24: *"De cierto, de cierto os digo: El que oye mi palabra, y cree al que me envió, tiene vida eterna; y no vendrá a condenación, más ha pasado de muerte a vida",* es decir, que el juicio condenatorio no puede ser aplicado a los creyentes. Además, Apocalipsis 20:6 nos dice: *"Bienaventurado y santo el que tiene parte en la primera resurrección, la segunda muerte no tiene potestad sobre éstos,".* Los creyentes participarán en el tribunal de Cristo para ser recompensados, no juzgados, acorde a la forma en que edificaron (1 Co 3:12,13).

Tribunal de Cristo: Hay dos palabras distintas que se traducen tribunal. La primera es *"criterion",* usada en Santiago 2:6 y en 1 Corintios 6:2,4 y se refiere a la norma o criterio por el cual un juez imparte juicio. La segunda es *"bimá"* o *"asiento de la recompensa",* plataforma en donde se sentaba un juez para premiar a los ganadores de una competencia. Nunca se usaba como un asiento judicial. En ese "bima o bimá" o tribunal estaba pensando San Pablo, para los cristianos fieles.

El contexto, versículos 11 y 12, revela claramente que se trata del juicio de Dios administrado por medio de su Hijo. El evangelio de Juan 5:22 expresa: *"Porque el Padre a nadie juzga, sino que todo el juicio dio al Hijo, para que todos honren al Hijo como honran al Padre".* Dios ha encomendado a Jesucristo todo juicio, tanto de los creyentes como de los incrédulos. Pablo trae a la memoria la cita de Isaías 45:23b: *"Que a mí se doblará toda rodilla, y jurará toda lengua".* El énfasis de este pasaje es que delante de Dios (y no delante de algún prójimo) es en donde todos se arrodillarán.

De manera que cada uno de nosotros dará a Dios cuenta de sí". El apóstol hace ver la responsabilidad moral y espiritual de cada siervo de Dios -y todos los hijos son siervos- puesto que cada uno dará cuenta de sí y de lo que haya por medio del cuerpo, sea bueno o malo.

4:13-15 *"Así que, ya no nos juzguemos más los unos a los otros, sino más bien decidid no poner tropiezo u ocasión de caer al hermano. ¹⁴ Yo sé, y confío en el Señor Jesús, que nada es inmundo en sí mismo; mas para el que piensa que algo es inmundo, para él lo es. ¹⁵ Pero si por causa de la comida tu hermano es contristado, ya no andas conforme al amor. No hagas que por la comida tuya se pierda aquel por quien Cristo murió".*

"ya no nos juzguemos más los unos a los otros; antes bien juzgad". Si algo tiene que hacer el "fuerte" es que se haga tropezar a otro miembro de la familia. *"tropiezo"* del griego *proskomma*, un obstáculo en el camino que puede ser causa de una caída; y *"ocasión de caer"* del griego *scandalon* que es el cebo de una trampa, o la trampa misma. Estos términos explican muy bien la intención del apóstol. Cuando el hermano "fuerte" usa de su libertad sin la debida consideración frente al hermano cuya conciencia es débil, está pecando. Así lo dice también Pablo en 1 Co 8:12,13: *"De esta manera pues, pecando contra los hermanos e hiriendo su débil conciencia, contra Cristo pecáis. Por lo cual, si la comida le es a mi hermano ocasión de caer, no comeré carne jamás, para no poner tropiezo a mi hermano".*

Pablo expresa su opinión de que las prescripciones legales del Antiguo Testamento sobre ciertas cosas impuras son abolidas en Cristo. Para Pablo todo lo creado por Dios es limpio. Lo "inmundo" es todo lo contrario a "santo" y significa lo que no puede ser apartado para Dios. Pudiera decirse que todo es parte de la creación de Dios y que no pueda usarse con la bendición de Dios. Pero lo limpio puede llegar a ser "inmundo" internamente en el caso del hermano que lo estima como tal. Por lo tanto, la conciencia de cada persona, no puede ser violentada: *"para él lo es"*. El problema no es de "principios" sino de amor y edificación.

En la Traducción Lenguaje Actual (TLA), Romanos 14:15 se lee: *"Si algún hermano se ofende por lo que ustedes comen, es porque no le están mostrando amor. No permitan que, por insistir en comer ciertos alimentos, acabe en el infierno alguien por quien Cristo murió".* La tristeza del hermano "débil" podría surgir de dos causas:

   a. Movido por el ejemplo del "fuerte" podía comer alimentos en contra de su propia conciencia, lo que le tendría en un estado de confusión moral, y aún en pecado.

   b. Podría ser afectado al ver a su hermano "fuerte" participar en comidas que para él se consideraban totalmente prohibidas.

Pero si por causa de la comida tu hermano es contristado, ya no andas conforme al amor. Ante este posible desánimo, Pablo saca el gran argumento del amor. El amor es el gran principio por cuya virtud todo cristiano evitará entristecer moralmente o escandalizar a su hermano. **"No pierdas por tu alimento a aquel por quien Cristo murió".** Debemos apreciar más las personas que a las cosas, no viceversa. El amor debe ser el sello distintivo entre los miembros del Cuerpo de Cristo como el Apóstol lo dijo en Colosenses 3:12-14: *"Vestíos, pues, como escogidos de Dios, santos y amados, de entrañable misericordia, de benignidad, de humildad, de mansedumbre, de paciencia; soportándoos unos a otros, si alguno tuviera queja contra otro. De la manera que Cristo os perdonó, así también hacedlo vosotros. Y sobre todas estas cosas vestíos de amor, que es el vínculo perfecto".*

4:16-18 *"No sea, pues, vituperado vuestro bien; ¹⁷ porque el reino de Dios no es comida ni bebida, sino justicia, paz y gozo en el Espíritu Santo. ¹⁸ Porque el que en esto sirve a Cristo, agrada a Dios, y es aprobado por los hombres".*

Es extraño pensar que algo que es en sí un bien, pueda ser *"vituperado"*, blasfemado o calumniado. *"Vuestro bien"* (el ejercicio legítimo y correcto de la libertad cristiana por parte de cada creyente cp. 1 Co 10:23-32). Martín Lutero lo tradujo: "su tesoro" es decir, la libertad espiritual, su justificación por la fe, su liberación de la ley. Está claro, que lo primero para un cristiano es tener su conciencia limpia delante de Dios.

Jesús advirtió a sus discípulos que serían calumniados a causa del evangelio: *"Bienaventurados sois por cuanto por mi causa os vituperen y os persigan..."* (Mt.5:11). Pero en este pasaje no se trata de ser calumniados a causa del evangelio o por ser cristianos. Se trata de evitar manifestaciones de "libertad" que parezcan mal a otros hermanos en la fe y en cuyo caso, estos hermanos flacos en su fe sean contristados observando la "libertad" de los demás. Se debe tener siempre presentes a estos hermanos. El creyente fiel planifica su camino a la luz de lo que ha de edificar a otros y servirles de bendición, de modo que los pequeños sacrificios que se realicen sean manifestaciones de tolerancia que, a su vez son parte del "fruto del Espíritu" (Gá 5:22,23).

Parafraseando el pasaje : "No pienses y actúes solo en tu libertad cristiana, sino actúa pensando en lo que es mejor para tu testimonio ante los hermanos en general. No pierdas tu libertad, pero úsala con cuidado".

Este mismo espíritu inspiró a los apóstoles y ancianos, en el Concilio en Jerusalén, al enviar la carta *"a los hermanos de entre los gentiles que están en Antioquía en Siria y Cilicia"* (Hch 15:22-29) pues confirmaron su libertad cristiana y al mismo tiempo precisaron aquello que los gentiles debían evitar de las prácticas mundanas (v.29) y de las costumbres y práctica judías (v.24).

¿Qué es el reino de Dios? Pablo lo explica: *"El reino de Dios es justicia, paz y gozo en el Espíritu Santo".* El reino de Dios no consiste en ninguna cosa externa que podamos hacer o no hacer, tales como *"comida o bebida".*

El reino de Dios es la comunión viva con Él de la cual goza cada creyente. El hombre que no haya experimentado un nuevo nacimiento (Juan 3:3) no lo puede ver ni entender. Y desde que el Espíritu Santo descendió en el día del Pentecostés, los creyentes estamos viviendo en el Espíritu y no en la carne, lo que supera las distinciones terrenales acerca de "carne" y "días".

El Espíritu Santo es el único que nos introduce en esta comunión con Dios y nos mantiene en ella, Él solamente produce la *"justicia"* que Dios nos ha provisto en Cristo y se manifiesta en la santidad de vida, en *"la paz"* con Dios primeramente y luego con nuestros hermanos, y un santo *"gozo"* que liberta al alma de sus penosas ansiedades.

José M. Saucedo V. en su "Comentario Teológico y Expositivo a los Romanos Págs. 188-191 bien analiza, "que la mayoría de las divisiones en la Iglesia tienen relación con puntos de vista, más que con doctrinas fundamentales. Asuntos accesorios y no esenciales a la fe cristiana. Las diferencias son de forma y no de fondo; de cultura y no de teología. Resulta penoso ver a los santos contender por lo que no impacta en el plan de redención. Los débiles critican a los fuertes tildándolos de libertinos y mundanos. Ellos, en cambio, son acusados por los maduros de anticuados y legalistas. Surgen situaciones de conflicto entre débiles y fuertes en la iglesia actual: Qué si se debe celebrar la navidad el 25 de diciembre, qué si se puede comer el pan de muertos el 2 de noviembre o la rosa de reyes el 6 de enero. Hay quienes reprueban la celebración del 16 de septiembre por relacionarlo con la guerra (en USA, el 4 de julio) lo cual es incompatible con un cristiano. Y no falta quien considere sacrílego comer tamales el 12 de diciembre". (se puede agregar: existen grupos que rechazan celebrar la semana santa y la navidad -mucho más el arbolito en casa o en el templo- por considerarlas fiestas paganas).

> **Para meditar:** un cristiano que se preocupa por el reino de Dios y sirve a Cristo según las leyes de este reino, agradará a Dios y por consecuencia a los hombres. Los hombres no siempre aceptarán la fe de los cristianos, pero aprueban al creyente que camina justamente, en paz y alegremente. Menosprecian a los que muestran una capa religiosa, pero pueden seguir a aquel que camina en el Espíritu.

14:19-21 "Así que, sigamos lo que contribuye a la paz y a la mutua edificación. ²⁰ No destruyas la obra de Dios por causa de la comida. Todas las cosas a la verdad son limpias; pero es malo que el hombre haga tropezar a otros con lo que come. ²¹ Bueno es no comer carne, ni beber vino, ni nada en que tu hermano tropiece, o se ofenda, o se debilite".

Estos versículos, si bien no aportan factores nuevos a la disertación sobre cómo hemos de vivir en paz, a pesar de las diferencias de conciencia, que pueda haber entre los hermanos de una sola congregación, son la conclusión de Pablo sobre este tema.

La palabra "**sigamos**" es una palabra enérgica, que generalmente se usa en el sentido de perseguir, de ir en pos con empeño, como se practica en la cacería. Pablo le dice a Timoteo que *"siga la justicia, piedad, la fe, el amor, la paciencia, la mansedumbre; que siga la justicia, la fe, el amor y la paz, con los que de corazón limpio invocan al Señor"* (1 Ti 6:11; 2 Ti 2:22). Así pues, prosigamos, vayamos en pos de las cosas que tienden a la paz y ayuda a los demás.

Esta búsqueda ha de ser continua para no *"destruir"* la obra de Dios en tu hermano, no echar por tierra su fe o su vida cristiana, pues lo que Dios ha creado ¡No lo demuelas! Aquí el verbo es disolver, destruir ("kataluo") que es todo lo contrario a "edificar". La segunda parte del versículo 20 va dirigida al hermano fuerte: "**En realidad todos los alimentos son limpios, lo malo es comer algo que haga perder la fe a otros**".

Pablo exhorta a los hermanos en Roma que *"bueno es"*, abstenerse ya sea de comer carne, beber vino o de cualquier otra cosa que provoque una caída fatal al hermano débil.

Bueno es no comer carne, ni beber vino, ni nada en que tu hermano tropiece, o se ofenda, o se debilite."

> **Nota sociológica:** Sobre la frase ***ni beber vino***, la Biblia Vida Plena p.1601, dice que la Escritura da a los creyentes del NT dos leyes principales respecto al vino (gr. *Oinos*), que incluyen el fruto de la vid fermentado y no fermentado: **1.**- la ley de abstinencia del vino cuando está fermentado y es embriagante (véanse Pr 23:31,nota; 1 Ts 5:6, nota; Tit 2:2, nota) **2.**- la ley del amor cristiano, que hace que una persona se abstenga de lo que puede perjudicar a otros (cf 1 Co 8:13; 10: 27-32). Pablo afirma que en una sociedad pagana (es decir, en un medio ambiente no judío) donde prevalecen las bebidas embriagantes y las borracheras, es mejor negarse a beber incluso vino no fermentado, que beber algo que indujera a otros creyentes a pecar. El tomar vino no embriagante no ofrecía ningún problema para algunos creyentes, (nota nuestra: como ocurre con creyentes de algunas denominaciones no pentecostales) pero podían influir en creyentes débiles que tomaran vino fermentado y así exponerlos al peligro y a la embriaguez. Timoteo se esmeró en guardar esa ley de amor cristiano (véase 1 Ti 5:23, nota).

14:22,23 "¿Tienes tú fe? Tenla para contigo delante de Dios. Bienaventurado el que no se condena a sí mismo en lo que aprueba. 23 Pero el que duda sobre lo que come es condenado, porque no lo hace con fe; y todo lo que no proviene de fe es pecado".

La *"fe"* a la que Pablo hace referencia es una fe fuerte, inteligente y que hace al cristiano libre. Si se tiene esta clase de fe, es para tener acceso a Dios y vivir en su comunión. La Biblia NTV (nueva traducción viviente) lo dice así: *"22Tal vez crees que no hay nada malo en lo que haces, pero mantenlo entre tú y Dios. Benditos son los que no se sienten culpables por hacer algo que han decidido que es correcto. 23Pero si sientes dudas acerca de si debes o no comer algo, en particular, entonces es pecado comerlo, pues no eres fiel a tus convicciones. Si haces algo que crees que está mal, pecas".*

El hombre feliz, dice Pablo, es aquel que examinando seriamente la línea de conducta que una vez ha aprobado, no se siente reprendido en su conciencia o, mejor dicho, no es forzado a reconocer una contradicción entre su convicción y su conducta, sino que las halla en plena armonía.

Si un creyente duda en que existe o no pecado, en comer ciertos alimentos y aun así come de eso, se expone, desde su punto de vista a "cometer pecado". ¿Cómo actuará este creyente cuando se encuentre en presencia de un pecado mayor, sin convicción y sin fuerza?

Pablo condena como pecado todo lo que no es de fe y al mismo tiempo rechaza todo lo que no está apoyado en la Palabra de Dios y aprobado por ella.

ROMANOS

CAPÍTULO 15

Continuación del capítulo 14 – Los débiles en la fe (Rom 15:1-6)

15:1-3 *"Así que, los que somos fuertes debemos soportar las flaquezas de los débiles, y no agradarnos a nosotros mismos. ² Cada uno de nosotros agrade a su prójimo en lo que es bueno, para edificación. ³ Porque ni aun Cristo se agradó a sí mismo; antes bien, como está escrito: Los vituperios de los que te vituperaban, cayeron sobre mí".*

Con un: *"Así que"* Pablo resume todo el capítulo 14 donde ha estado hablando sobre los débiles en la fe, para abordar ahora en esta sección, que la vida cristiana normal consiste en ayudar a edificar a otros.

William M. Greathouse en el comentario BEACON (pág. 282) menciona lo siguiente: "El apóstol todavía sigue pensando en las relaciones entre los débiles y los fuertes, excepto que ahora hace una nueva apelación a la unidad, basada en el ejemplo de Cristo."

En Gálatas 6:2 Pablo expresa en apoyo a lo dicho en Romanos: *"Sobrellevad los unos las cargas de los otros, y cumplid así la ley de Cristo".* La paciencia, la indulgencia y no tan solo la tolerancia de los fuertes (hermanos robustos en la fe), deberá servir de ejemplo y apoyo para los débiles.

Samuel Pérez Millos en su comentario a Romanos (pág. 1032) añade: "Agradarse a uno mismo es vivir conforme a la carne, con lo que es imposible agradar a Dios (Ro 8:8). Pero, también es contrario a la vida conforme a Dios, el intentar agradar a los hombres, en el sentido de plegarse a sus intereses y deseos" (Gá 1:10, 1 Ts 2:4).

"los que somos fuertes". Pablo se incluye en este pasaje entre los fuertes, y lejos de toda clase de egoísmo, anhela ayudar a otros aun a costa de su propia vida.

"lo que es bueno", todo lo que va a edificar a mis hermanos, todo lo que sea de provecho para la edificación y madurez de su vida espiritual. No lo que ponga tropiezo a mis hermanos (2 Co 11:29), sino todo aquello que afirme su corazón débil en la fe.

Cristo es el ejemplo supremo de la exhortación de Pablo a los fuertes: *"El cual siendo rico, se hizo pobre, para que con su pobreza nosotros fuésemos enriquecidos."* (2 Co 8:9) Los débiles y perdidos somos rescatados por el Cristo que se humilló a si mismo tomando forma de siervo y hecho semejante a los hombres (Fil 2:6-8). No vivió para satisfacer sus propios intereses sino los de los demás [Biblia Vida Plena, pág. 1601].

"Los vituperios de los que te vituperaban, cayeron sobre mí". Pablo como buen conocedor del Antiguo Testamento, por la inspiración del Espíritu Santo, aplica este salmo profético de David al Señor Jesucristo. La cita del Salmo 69:9 resalta la manera extrema como Cristo se humilló al recibir los vituperios (afrentas, oprobios, blasfemias) que no merecía. Quien nunca cometió pecado, recibió escarnios inmerecidos, dejándonos ejemplo de cómo debemos comportarnos "los fuertes en Cristo". Pues el fin primordial de los que militamos *"es agradar a aquel que nos tomó por soldados".* (2 Tim. 2:4).

Para meditar: Cuántas veces los cristianos, vivan donde vivan, se dediquen al oficio o profesión que se dediquen, por el solo hecho de ser cristianos, enfrentan vituperios de los compañeros de trabajo, vecinos y aun familiares. Pablo habla de agradar al prójimo, que incluye cristianos e impíos. El buen ejemplo, muchas veces exige humillarnos, resistir, ser valientes, pacientes, teniendo esperanza de cambios, como expresa el versículo siguiente.

15:4-6 *"Porque las cosas que se escribieron antes, para nuestra enseñanza se escribieron, a fin de que por la paciencia y la consolación de las Escrituras, tengamos esperanza. ⁵ Pero el Dios de la paciencia y de la consolación os dé entre vosotros un mismo sentir según Cristo Jesús, ⁶ para que unánimes a una voz, glorifiquéis al Dios y Padre de nuestro Señor Jesucristo".*

La Biblia de Estudio Holman comenta: "Lejos de ser irrelevantes para la fe cristiana, los escritos del AT. son **para nuestra enseñanza** (2 Tim 3:16). No todo en ella es aplicable al discipulado del nuevo pacto, pero todo apunta a Jesús (Lc 24:27)".

Toda la Escritura fortalecerá la esperanza en la que cada creyente se debe gloriar hasta el final. (Ro 5:2) El Dios en quien hemos creído es el Dios de toda gracia. Habrá cientos de personajes a través de las Escrituras que se levanten para dar testimonio que en las peores circunstancias fueron ayudados y bendecidos por el Señor. Dios es la fuente de la paciencia y la consolación, de Él viene toda buena dádiva y todo don perfecto, que nos es dado de arriba.

(Stg 1:17, Jn 19:11). Y si nosotros tenemos la mente de Cristo, debemos ser de un mismo sentir, para que el Padre sea glorificado.

La oración de Pablo era que **el Dios de la paciencia y de la consolación** condujera a las nacientes congregaciones romanas reunidas en las casas, a un estado de armonía, amor y unidad que les permitiera honrar mejor a Dios.

El evangelio a los gentiles (Rom 15:7-21)

15:7,8 *"Por tanto, recibíos los unos a los otros, como también Cristo nos recibió, para gloria de Dios. ⁸ Pues os digo, que Cristo Jesús vino a ser siervo de la circuncisión para mostrar la verdad de Dios, para confirmar las promesas hechas a los padres".*

La aceptación mutua de judíos y gentiles tiene el sólido fundamento de haber sido todos aceptados por Cristo (Hch 10:34). Lo que ha hecho Cristo por nosotros y lo que nosotros hagamos para fortalecer la armonía entre los hermanos más débiles, redundará para la gloria de Dios.

> Cristo se hizo **siervo de la circuncisión**. Jesús mismo, siendo judío, fue circuncidado confirmando las promesas dadas a Abraham, Isaac y Jacob, **para mostrar la verdad de Dios** a los mismos judíos. Este texto y otros semejantes se deben mostrar a los judíos para que entiendan que Jesús el judío vino a salvarlos a ellos también. Para nosotros los gentiles es una seria advertencia de no mirar nunca con desprecio a los judíos.

Pablo respalda la afirmación de Jesús cuando dice: *"Dios envió a su Hijo, nacido de mujer, y nacido bajo la ley, para que redimiese a los que estaban bajo la ley, a fin de que recibiésemos la adopción de hijos"* (Gálatas 4:4, 5). Y no solo a los que estaban bajo la ley, pues la promesa de Dios abarcaba una bendición universal. Samuel Pérez Millos comenta: "La fidelidad de Dios exigía cumplir los condicionantes del pacto con Abraham y sus descendientes, los padres, (Gn 12:1-3; 15:1; 17:7; 18:19; 22:18; 26:1, 2; 28:13-15; 32:28) de forma especial, la promesa fue para todas las naciones (Gn 12:3)".

Pablo confirma, además, que de Israel y las naciones paganas, Dios haría un solo pueblo para Él. *"Porque él es nuestra paz, que de ambos pueblos hizo uno, derribando la pared intermedia de separación, aboliendo en su carne las enemistades, la ley de los mandamientos expresados en ordenanzas, para crear en sí mismo de los dos un solo y nuevo hombre, haciendo la paz, y mediante la cruz reconciliar con Dios a ambos en un solo cuerpo, matando en ella enemistades"* (Ef 2:14-16).

15:9-12 *"Y para que los gentiles glorifiquen a Dios por su misericordia, como está escrito: Por tanto, yo te confesaré entre los gentiles, y cantaré a tu nombre. ¹⁰ Y otra vez dice: Alegraos, gentiles, con su pueblo. ¹¹ Y otra vez: alabad al Señor todos los gentiles, y magnificadle todos los pueblos. ¹² Y otra vez dice Isaías: Estará la raíz de Isaí, Y el que se levantará a regir a los gentiles; Los gentiles esperarán en él".*

Pablo menciona en este pasaje profusamente al AT, para dar fuerza a su importante argumento. Las citas de Moisés, de los Salmos, de los libros históricos y de los profetas, (Dt 32:43, Sal 18:49, 2 Sam 22:1-15, Sal 117, Isa 11:1-10) describen el generoso y universal propósito de Dios de que los gentiles le conozcan y le alaben. Todo lo que Dios hace, deberá redundar para su gloria, porque todo lo que Él hace es un glorioso gesto de su misericordia.

Moisés invita a los gentiles a unirse a Israel para alabar a Dios, (Dt 32:43), David en el Salmo 18:49 hace proclamar a Cristo, como Rey futuro, su amor salvador por las naciones. En el Sal 117:1, se subraya la obra universal del Señor: *"Alabad a Jehová, naciones todas; Pueblos todos, alabadle."* Y en Isaías 11:1-10 se describe al Mesías como la esperanza de Israel y de todos los pueblos.

15:13 *"Y el Dios de esperanza, os llene de todo gozo y paz en el creer, para que abundéis en esperanza por el poder el Espíritu Santo".*

Aquí se observa una breve doxología, como muchas que aparecen en el NT.

Los hermanos de Roma son encomendados al Dios Eterno, que es fuente de todo gozo y esperanza. La vitalidad de la fe se muestra como raíz y origen de todo gozo y paz en los creyentes, y que también experimentan como un agregado divino *"la abundancia en la esperanza por el poder del Espíritu Santo."* El escritor de la Epístola a los Hebreos, para complementar el punto paulino, obsequió a la cristiandad la inspiradora declaración de Hebreos 11:1 que se ha repetido a través de los siglos en todos los idiomas: "Es pues la fe, la certeza de lo que se espera, la convicción de lo que no se ve".

Samuel Pérez Millos añade: "Esa fe vinculante permite la vivencia continuada con el Señor. Sólo el que cree puede tener esperanza y sólo el que tiene esperanza puede tener gozo" [Comentario a Romanos, pág. 1050].

La llenura del gozo y de la paz en el corazón y la abundancia en la esperanza, son indicios de la forma colmada en que Dios bendice a su pueblo. No hay mezquindad en Él, sino bendiciones remecidas y abundantes (Jn 3:34, Lc 6:38).

15:14-16 *"Pero estoy seguro de vosotros, hermanos míos, de que vosotros mismos estáis llenos de bondad, llenos de todo conocimiento, de tal manera que podéis amonestaros los unos a los otros. ¹⁵ Mas os he escrito, hermanos, en parte con atrevimiento, como para haceros recordar, por la gracia que de Dios me es dada ¹⁶ para ser ministro de Jesucristo a los gentiles, ministrando el evangelio de Dios, para que los gentiles le sean ofrenda agradable, santificada por el Espíritu Santo".*

Pablo sanciona las buenas intenciones y capacidades que los hermanos de Roma tienen al estar llenos de bondad y de conocimiento para que recíprocamente sean amonestados los unos a los otros.

Para meditar: existe una tendencia entre los cristianos de cierta edad y de años en los caminos del Señor, de amonestar a otros creyentes más nuevos o "débiles en la fe" por ciertas fallas manifiestas. Esto puede tener mayores efectos si se recuerda lo que el apóstol escribe a los romanos: *"estáis llenos de bondad, llenos de todo conocimiento, de tal manera que podéis amonestaros los unos a los otros"*. Si estáis, hacedlo.

Además, les asegura a los hermanos, con cierto atrevimiento, que él es un ministro a los gentiles por la pura gracia de Jesucristo, a fin de que los gentiles se conviertan en una ofrenda agradable a Dios, obrando en ellos el Espíritu de Dios para llevar una vida santa. Todo lo que Pablo ha logrado por la gracia de Dios, ha sido presentado como una ofrenda agradable al Señor. (Rom 12:1).

Pablo se gloría en su servicio evangélico que no lo señala a él como la fuente de la bendición, sino a Cristo. Como les dice en otro pasaje a los corintios: *"Porque ¿quién te distingue? ¿o que tienes que no hayas recibido? Y si lo recibiste, ¿por qué te glorías como sino lo hubieras recibido?"* (1 Co 4:7). Y en aquel otro texto donde añade: *"Pero por la gracia de Dios soy lo que soy, y su gracia no ha sido en vano para conmigo, antes he trabajado más que todo ellos, pero no yo, sino la gracia de Dios conmigo."* (1 Co 15:10, cf Ro 15:17).

15:17-19 *"Tengo, pues, de que gloriarme en Cristo Jesús en lo que a Dios se refiere. ¹⁸ Porque no osaría hablar sino de lo que Cristo ha hecho por medio de mí para la obediencia de los gentiles, con la palabra y con las obras, ¹⁹ con potencia de señales y prodigios, en el poder del Espíritu de Dios, de manera que desde Jerusalén, y por los alrededores hasta Ilírico, todo lo he llenado del evangelio de Cristo".*

En 1 Corintios 1:31 Pablo expresa: *"Para que, como está escrito: El que se gloría, gloríese en el Señor"*. Y en Gálatas 6:14 añade: *"Pero lejos esté de mí gloriarme sino en la cruz de nuestro Señor Jesucristo, por quien el mundo me es crucificado a mí, y yo al mundo".*

Ningún creyente hace mal si proclama con emoción y gratitud lo que Dios hace por medio de él, con tal de que lo haga con un espíritu sencillo y humilde lleno de gratitud al Señor. Pablo se gloría en lo que él ha podido hacer por medio de Cristo y en el poder del Espíritu de Dios. Su jactancia es buena porque le da el reconocimiento de Dios.

Dios autenticó el ministerio de Pablo con señales y prodigios, señales portentosas en el poder del Espíritu Santo, y con un mensaje que lo había llenado todo, Pablo fue el teólogo-predicador que con el Evangelio "alborotó al mundo". (Hch 14:10; 19:11,12; 16:18; 20:10; 28:8,9; 2 Co 11:7).

La misión de los setenta discípulos enviados por Jesús de dos en dos, ilustra esa declaración de Pablo, (Lc 10:17-20). Cuando volvieron con mucho gozo porque los demonios se sujetaban en el nombre del Señor Jesucristo, el mismo Jesús les recordó sobre lo que era más importante: *"No se gocen de que los espíritus se os sujetan, sino regocijaos de que vuestros nombres están escritos en los cielos."* En otras palabras: manténgase mesurados poniendo todo en la debida proporción y den gloria a Dios por su victoria mayor.

Nota histórica: Ilírico, era una provincia romana al noroeste de Macedonia, una región que correspondería a lo que fue el importante país de Yugoeslavia y que actualmente se dividió en varias repúblicas, con una hermosa costa que da al Mar Adriático. Ciudades y pueblos situados a más de 2000 kilómetros de Jerusalén (unas 1400 millas), lo que da idea de la extensión geográfica en la que Pablo y su equipo predicaron. Ahora quería llegar hasta Roma y más allá.

15:20, 21 *"Y de esta manera me esforcé a predicar el evangelio, no donde Cristo ya hubiese sido nombrado, para no edificar sobre fundamento ajeno, ²¹ sino, como está escrito: Aquellos a quienes nunca les fue anunciado acerca de Él, verán; y los que nunca han oído de Él, entenderán".*

Ernesto Trenchard comenta: "La ambición (philotimeomai= esforzarse) es un impulso dañino o beneficioso, según el objeto que se persiga. Pablo había abandonado todo lo que podía ambicionar el hombre carnal... coordinando todos sus esfuerzos para conseguir la extensión del reino de Dios" (Epístola a los Romanos p. 356).

Pablo menciona en 1 Cor 3:10: *"conforme a la gracia de Dios que me ha sido dada, yo como perito arquitecto puse el fundamento, y otro edifica encima, pero cada uno mire cómo sobreedifica."* Pablo no era un sobre edificador sino un edificador, procurando exponer el evangelio donde todavía Cristo no había sido anunciado, creído o aceptado.

Pablo plantaba la semilla del evangelio en surcos vírgenes, donde nunca habían oído acerca de Cristo, donde Cristo jamás había sido anunciado. Fue por ello el receptor de duros golpes en su ministerio, él era la punta de lanza en el ministerio apostólico en ciudades que nunca habían oído de Cristo, en algunas bien recibido en otras no, las listas que hace de lo que parecen una serie de desgracias en 2 Corintios para él son "un cada vez más excelente peso de gloria", (2 Co 4:17) y afirma a pesar de las oposiciones: *"Mas a Dios gracias, que nos lleva siempre en triunfo en Cristo Jesús, y por medio nuestro manifiesta en todo lugar el olor de su conocimiento."* 2 Co 2:14, y otras ocasiones más que se mencionan en 2 Co 4:7-12; 6:3-10; 11:21-33.

Pablo se propone ir a Roma (Rom 15:22-33)

15:22-24 *"Por esta causa me he visto impedido muchas veces de ir a vosotros. ²³ Pero ahora, no teniendo más campo en estas regiones, y deseando desde hace muchos años ir a vosotros, ²⁴ cuando vaya a España, iré a vosotros; porque espero veros al pasar, y ser encaminado allá por vosotros, una vez que haya gozado con vosotros".*

La NTV (Nueva Traducción Viviente) lo expresa así: *"De hecho mi visita a ustedes se demoró tanto precisamente porque estuve predicando en esos lugares, ahora que terminé mi trabajo en estas regiones y después de todos estos largos años de espera, tengo mu-*

chos deseos de ir a verlos. Estoy pensando viajar a España. Cuando lo haga, me detendré en Roma, y luego de disfrutar de la compañía de ustedes por un breve tiempo, podrán ayudarme con lo necesario para mi viaje".

En Hechos 19:21 Lucas registra: *"Pasadas estas cosas, Pablo se propuso en espíritu ir a Jerusalén, después de recorrer Macedonia y Acaya, diciendo: Después que haya estado allí, me será necesario ver también a Roma".*

"Durante diez años, Dios había usado a Pablo como un pionero fundador de iglesias en la región oriental del Imperio romano. Pablo sentía que su ministerio estaba en consonancia con la profecía mesiánica del AT (Is 52:15)" [Biblia de Estudio Holman].

Pablo era un siervo incansable. En el buen sentido de la palabra era también ambicioso, visionario y que terminaba lo que comenzaba. Largos años de espera habían madurado la intención de visitar la metrópoli del Imperio, pero nada hacía sin estar seguro de la voluntad de Dios; si Dios quería, él iba. El plan central era visitar España y desde luego evangelizarla, pero los eruditos comentan que no se tiene suficiente base bíblica para afirmar que realizó ese viaje.

La tardanza de Pablo o el impedimento que menciona en los versos 20 y 21 de no edificar sobre fundamento ajeno, es la razón de sus largos años de espera para ir a Roma, pues comienza así el verso 22: *"Por esta causa me he visto impedido muchas veces de ir a vosotros".* Es decir, porque habían muchos lugares en donde predicar antes de ir a Roma, como se expresa en la NTV ante citada: *"De hecho mi visita a ustedes se demoró tanto precisamente porque estuve predicando en esos lugares..."* En otras palabras, el impedimento era principalmente por estar ocupado en la obra del Señor, en los lugares previos, como la mayoría de los comentaristas piensan.

En 1:13 ya había adelantado el apóstol que muchas veces se había propuesto ir a ellos, pero había sido estorbado, pues quería tener entre ellos algún fruto como entre los demás gentiles. Encajan aquí las palabras del gran metodista Juan Wesley: "El mundo es mi parroquia".

Pablo esperaba disfrutar de la compañía de los hermanos de Roma y compartir con ellos alguna bendición de parte de Dios, como lo hizo exitosamente al fin. (Hechos 28: 30,31). Y también apelaba a la generosidad de ellos para que encaminaran su viaje a España.

15:25-29 *"Mas ahora voy a Jerusalén para ministrar a los santos. ²⁶ Porque Macedonia y Acaya tuvieron a bien hacer una ofrenda para los pobres que hay entre los santos que están en Jerusalén. ²⁷ Pues les pareció bueno, y son deudores a ellos, porque si los gentiles han sido hechos participantes de sus bienes espirituales, deben también ellos ministrarles de los materiales. ²⁸ Así que, cuando haya concluido esto, y les haya entregado este fruto, pasaré entre vosotros rumbo a España. ²⁹ Y sé que cuando vaya a vosotros, llegaré con abundancia de la bendición del evangelio de Cristo".*

Pablo tiene el propósito primordial de llevar a la iglesia judía en Jerusalén una ofrenda de los hermanos de Macedonia y Acaya y ministrar a los santos. Más adelante Pablo en su defensa ante el gobernador Félix, confirma el propósito de su viaje a Jerusalén: *"Pero pasados algunos años, vine a hacer limosnas a mi nación y presentar ofrendas"* (Hch 24:17). Está haciendo alusión a la gran ofrenda que venía promoviendo durante los dos últimos años en todas las regiones donde estaban las iglesias que él había establecido (1 Co 16:1-4, 2 Co 8,9). La ofrenda no era una imposición económica, sino un sacrificio espiritual (Fil 4:18) (Samuel Pérez M., Romanos págs. 1073 y 1076).

Pablo no se imaginaba que iba a ir a Roma custodiado como prisionero. Pero esto cumplía el propósito soberano de Dios de que había de testificar en Roma. *"A la noche siguiente se le presentó el Señor y le dijo: Ten ánimo, Pablo, pues como has testificado de mí en Jerusalén, así es necesario que testifiques también en Roma."* (Hch 23:11).

Pablo deja bien asentado un principio de gratitud y reconocimiento: Que los que siembran lo espiritual, deben de ser correspondidos con lo material. Lo menciona en el pasaje de 1 Co 9:11: *"Si nosotros sembramos entre vosotros lo espiritual, ¿es gran cosa si segáremos de vosotros lo material?* Jesús recalcó a la mujer samaritana que *"la salvación viene de los judíos"* en consonancia con lo que Pablo dice sobre lo espiritual que recibieron los romanos de los judíos (Juan 4:22).

Pablo estaba seguro de su viaje a Roma: **"Se que cuando vaya a vosotros"**, y también estaba seguro de la forma tan plena en la que iba a llegar: **"Llegaré con abundancia de la bendición del evangelio de Cristo"** La fuente que bendice es Cristo, el material humano usado en esta ocasión fue Pablo. (1:11, 12). Si llegó a Roma desde luego, pero no en las circunstancias que pensaba, sino como Dios lo había previsto, seguramente para ejemplo de muchos a través de las generaciones.

15:30-33 *"Pero os ruego, hermanos, por nuestro Señor Jesucristo y por el amor del Espíritu, que me ayudéis orando por mí a Dios, ³¹ para que sea librado de los rebeldes que están en Judea, y que la ofrenda de mi servicio a los santos en Jerusalén sea acepta; ³² para que con gran gozo llegue a vosotros por la voluntad de Dios, y que sea recreado juntamente con vosotros. ³³ Y el Dios de paz sea con todos vosotros. Amén".*

Motivos de oración: Pablo hace una petición de oración a los hermanos de Roma, en el nombre del Señor Jesucristo y por el amor del Espíritu:

1. Que le ayuden a orar ante Dios para que fuera librado de los rebeldes en Judea.

2. Que la ofrenda de los gentiles fuera recibida con agrado por los creyentes de Jerusalén.

3. Que pudiera llegar a ellos en el tiempo de Dios y tener gozo juntamente con ellos.

> **Para meditar:** este es un ejemplo tangible expuesto por el gran siervo de Dios, sobre la importancia de la oración corporativa. Es valiosa la oración individual desde luego, pero cuando toda una iglesia o un grupo de iglesias interceden por una petición ya sea que se trate de un enfermo, de un secuestro, de un ataque o de una situación especial. Pablo es un ejemplo de no avergonzarse por una necesidad o de sentirse suficiente, sin necesitar al cuerpo de Cristo.

Ernesto Trenchard agrega: "Pablo a veces se sentía como un niño que camina frente a lo desconocido, muy consciente del poder de Satanás que se oponía a su labor (1 Co 2:1-5; 2 Co 4:7-12) y por eso solicitó tantas veces las súplicas e intercesiones de la familia de Dios." [Epístola a los Romanos, p. 361].

Pablo discierne el alto riesgo que implica su viaje a Jerusalén y su estancia allá. Él mismo mencionó a los hermanos de Éfeso, en Mileto en Hechos 20:22-24 lo siguiente: *"Ahora, he aquí, ligado yo en espíritu, voy a Jerusalén, sin saber lo que allá me ha de acontecer; salvo que el Espíritu Santo por todas las ciudades me da testimonio, diciendo que me esperan prisiones y tribulaciones. Pero de ninguna cosa hago caso, ni estimo preciosa mi vida para mí mismo, con tal que acabe mi carrera con gozo, y el ministerio que recibí del Señor Jesús, para dar testimonio del Evangelio de la gracia de Dios".*

Con un irónico y trágico acontecer, en esta parte un tanto prolongada de su itinerario, Pablo ve cumplidos sus temores en Jerusalén, pues al haber hecho un voto por consejo de Santiago, se produjo un alboroto grande en el templo y estuvo a punto de ser linchado. Fue apresado por soldados romanos que lo libraron de la muerte, para luego pasar años de encarcelamiento y de juicios antes de llegar a Roma, como se narra ampliamente en el libro de Los Hechos Caps. 22-26.

Agotado, pero victorioso, vio sus sueños cumplirse cuando llegó a la capital del Imperio Romano y pudo continuar su ministerio, pues gozó del favor de sus encarceladores y disfrutó de la asistencia de los creyentes romanos en la prisión y en una casa de alquiler (Hch 28:30,31) *"predicando el reino de Dios y enseñando acerca del Señor Jesucristo, abiertamente y sin impedimento".*

Como se ha dicho por muchos, el libro de Los Hechos no tiene Amén, porque muy seguramente el Apóstol siguió predicando junto a equipos de colaboradores, y como lo creen varios comentaristas, pudo llegar a España y otros lugares.

ROMANOS

CAPÍTULO 16

Saludos personales (Ro 16:1-24)

16:1,2 "Os recomiendo además nuestra hermana Febe, la cual es diaconisa de la iglesia en Cencrea; ²que la recibáis en el Señor, como es digno de los santos, y que la ayudéis en cualquier cosa en que necesite de vosotros; porque ella ha ayudado a muchos, y a mí mismo".

Este capítulo es tan valioso como cada uno de los anteriores. Algunos eruditos consideran que fue una carta insertada de último momento, para recomendar a la hermana Febe. El glorioso Espíritu Santo que guiaba la pluma de Pablo, quiso dejar testimonio de la unidad en la iglesia primitiva, la valía que tenía cada miembro en la iglesia naciente y a través de estas inspiradas crónicas reconocer y agradecer lo mucho que representaban para una iglesia en formación.

Puede catalogarse como un capítulo de ética cristiana. Podría suponerse que Pablo llevaba días haciendo la carta cuando se enteró que la hermana Febe iría a Roma, y es cuando escribió estas últimas líneas llenas de saludos, no fuera de contexto, ni como agregado, sino en el momento apropiado.

Las personas se sienten apreciadas cuando se les llama por su nombre. Es sencillo decir buenos días, sin embargo, al decir: Doña Beatriz, ¡que tenga un buen día! surge un cambio en el semblante de la persona, la frase le hace brotar una sonrisa alegre, y el momento se transforma en un ambiente de cordialidad.

Los saludos dan muestra de lo atento, cordial y agradecido que era el apóstol Pablo, dejan un testimonio de los lazos de amistad, tan estrechos que estableció con cada uno de los miembros en las diferentes iglesias que fundó. Por la crónica citando a tantos hermanos por sus nombres, es claro que se habían trasladado a la capital del imperio buscando un mejor futuro, pero como buenos cristianos inmediatamente buscaron a otros redimidos para afianzarse en su nueva fe. Febe, ahora cosecharía lo que había sembrado, recibir la ayuda que iba a necesitar, ya fuere hospedaje, alimento o aún que se le guiara por la ciudad. Qué honor para esta mujer que Pablo en esta carta, que se estudiaría por las edades, mencionara las cualidades que le distinguían.

Para meditar: En la misiva con mucha seguridad recomienda a la hermana Febe, pues conocía su trato como diaconisa en la iglesia de Cencrea. Es agradable llegar a una iglesia en un lugar lejano y sentir un afecto especial como si le conocieran de mucho tiempo. Es ese tipo de amor que une a los creyentes y que hace que los recién llegados creyentes o simpatizantes se sientan en casa. Afectos que deben fomentarse y que nunca deben desaparecer.

Con un nombre pagano, Febe, que significa brillante, resplandeciente, hacía honor a su nombre. Por el trato de Pablo se deduce que era una hermana gentil, desarrollando el ministerio de diaconisa en la iglesia de Cencrea, un puerto a 10 kilómetros al oriente de Corinto. Las virtudes que le caracterizaban: hospedadora, de buen testimonio, ayudadora, atendiendo a Pablo y a sus colaboradores. Pablo además saluda a no menos de ocho mujeres, lo cual resalta la importancia de las mujeres en la iglesia.

Nota histórica contemporánea: Cuando el Dr. Paul Yonggi Cho inició su iglesia en Seoul Corea en los 1960's, (Yoido Full Gospel Church), Dios lo llevó a trabajar con "células" o grupos de estudio bíblico en los hogares. Inspirado por el relato de Romanos capítulo 16, mencionando a tantas mujeres en una sociedad machista judío/gentil del primer siglo, puso como cabeza de las células a mujeres creyentes, en la sociedad machista coreana del Siglo XX.

El resultado fue llegar a tener 22 000 células y una congregación de 830 000, además de todos los creyentes en Australia y los Estados Unidos (que cuenta con dos Distritos coreanos siempre crecientes). Mi esposa y yo junto a los pastores Raúl García y Leobardo Sozaya y un grupo de creyentes de México y Estados Unidos (2500 aprox.) asistimos en 1994 al Congreso Mundial de las Asambleas de Dios celebrado en esa iglesia, constatando su maravilloso impacto en la sociedad coreana y su influencia en el mundo con iglesias que utilizaron su sistema de células.

16:3-5a *"Saludad a Priscila y a Aquila, mis colaboradores en Cristo Jesús, ⁴que expusieron su vida por mí; a los cuales no sólo yo doy gracias, sino también todas las iglesias de los gentiles ⁵ Saludad también a la iglesia de su casa".*

Cuánto agradecimiento muestra el apóstol Pablo a las iglesias que habían surgido entre los gentiles, no solamente entre los judíos, destacando un diligente matrimonio que trabajó hombro a hombro con él, en Corinto y en Éfeso.

Aquila, "águila," era oriundo del Ponto, una región al norte de Asia Menor, y que junto con Priscila su mujer, conocieron a Pablo en Corinto (ver comentario en Hechos 18:1-5; 24-26) y aceptaron el reto de evangelizar a los habitantes cosmopolitas de Corinto y luego viajar con él a la idolátrica ciudad de Éfeso, llevando el evangelio de salvación doctrinando a los nuevos creyentes (aún al elocuente Apolos, como se narra en Hechos 18:24-28).

Ellos habían sido expulsados de Roma, bajo el edicto del emperador Claudio en el año 49 d. C., logrando establecerse en Corinto donde hospedaron al Apóstol Pablo y trabajaron juntos fabricando tiendas, haciendo honor a la tradición judía de siempre tener un oficio, independientemente de cualquier otra actividad.

Es posible que en el año 54 d. C. después de la muerte de Claudio ellos y otros judíos regresaron a la capital del imperio, donde radicaban en el momento que Pablo escribió esta carta. Además ellos seguían predicando el evangelio pues el escritor también manda un saludo a la iglesia que estaba en su casa. Es tal la gratitud de Pablo que en sus Epístolas los menciona tres veces (Ro 16:3; 1 Co 16:19; 2 Ti 4:19), en una ocasión llamando a Priscila, Prisca, cariñosamente.

> Esto constata que no solo fueron unos creyentes cimentados en la sana doctrina, sino que fueron fundadores de iglesias. Nada menos que las iglesias de Corinto y de Éfeso junto con Pablo, y la de Roma por su cuenta. Antepasados de tantas parejas que han llenado el mundo con florecientes congregaciones. En ocasiones siendo bivocacionales, trabajando con sus manos o sus talentos y predicando.

Nota histórica: la iglesia primitiva no contaba con templos, ellos se reunían en la casa de algún hermano, donde celebraban sus reuniones, entonando salmos, haciendo veladas de oración y compartiendo la palabra y la santa cena. También, bautizando en los ríos cercanos a las personas que se convertían.

16:5b-15 "Saludad a Epeneto, amado mío, que es el primer fruto de Acaya para Cristo. ⁶Saludad a María, la cual ha trabajado mucho entre vosotros. ⁷Saludad a Andrónico y a Junias, mis parientes y mis compañeros de prisiones, los cuales son muy estimados entre los apóstoles, y que también fueron antes de mí en Cristo.

⁸Saludad a Amplias, amado mío en el Señor. ⁹Saludad a Urbano, nuestro colaborador en Cristo Jesús, y a Estaquis, amado mío. ¹⁰Saludad a Apeles, aprobado en Cristo. Saludad a los de la casa de Aristóbulo. ¹¹Saludad a Herodión, mi pariente. Saludad a los de la casa de Narciso, los cuales están en el Señor.

¹²Saludad a Trifena y a Trifosa, las cuales trabajan en el Señor. Saludad a la amada Pérsida, la cual ha trabajado mucho en el Señor. ¹³Saludad a Rufo, escogido en el Señor, y a su madre y mía. ¹⁴Saludad a Asíncrito, a Flegonte, a Hermas, a Patrobas, a Hermes y a los hermanos que están con ellos. ¹⁵Saludad a Filólogo, a Julia, a Nereo y a su hermana, a Olimpas y a todos los santos que están con ellos".

Son muchas las personas que se mencionan por su nombre en esta carta: hombres, mujeres, matrimonios, parientes, hermanos en la fe, algunos que fueron fruto de su ministerio y desde luego las iglesias que estaban en casa de algunos hermanos.

Entre ellos distingue a cuatro con el calificativo *amado mío*. Y muy bien lo han ganado pues **Epeneto** fue la primicia en Acaya, seguramente junto con otros que no se habían trasladado a Roma. Pablo se había quedado año y medio en Corinto, ciudad principal de Acaya. En la salutación que hace en la segunda carta a los Corintios menciona: "*...a la iglesia de Dios que está en Corinto y a todos los santos que están en toda Acaya*" (2 Co 1:1).

Amplias es otra persona a la que Pablo distingue con la frase amado mío, se cree que es el mismo que Ampliato o Ampliateo, un esclavo que sirvió a una familia imperial a quienes llevó al conocimiento de Cristo. Existe una tumba en las catacumbas de Domitila de fines del siglo I, principios del II de esta era, con el nombre Ampliato en latín.

Estaquis nombre común entre los esclavos judíos, también le llama Pablo amado mío.

Pérsida una mujer que trabajaba por el señor incansablemente, para agradar al que le salvó.

¿Por qué el apóstol se refiere a estos como amados? Quizá no eran diáconos ni personas sobresalientes entre los hermanos, sino que a uno lo llama su primicia, dos probablemente eran esclavos y la otra una trabajadora incansable. La frase *"amado mío"*, encierra un aprecio especial, hacia las personas que entregan totalmente su vida al Señor no importando su condición social, raza o género. Pablo muestra que el amor de Dios une a los verdaderos creyentes y que en la iglesia de Cristo todos los miembros son importantes.

Pablo saluda a **Urbano**, a **Apeles** quien había sufrido grandes pruebas y seguía firme en la fe, **Rufo** probablemente sea el hijo de Simón de Cirene mencionado en Marcos 16:21, **Asíncrito, Flegonte, Hermas, Patrobas, Hermes, Filólogo, Nereo, Olimpas.** Hombres que se destacaron por ser unos fieles colaboradores en la obra de Dios.

> Hubo también mujeres que trabajaron con ahínco en la obra de Dios. **María, Trifena, Trifosa, la mamá de Rufo, Julia, la hermana de Nereo.** No describe en que consistían sus actividades, pero destaca que eran mujeres muy trabajadoras, además la mamá de Rufo había sido como una madre para Pablo.

Adrónico y Junias, Heridión, a estos los saluda como parientes, quienes fueron salvos antes que Pablo y sirvieron a otros apóstoles, por el nombre de Junias femenino, se deduce que Adrónico y Junias eran matrimonio que como creyentes habían sido encarcelados y que conocían a otros apóstoles quienes también les apreciaban. Heriodión posiblemente fue nieto de Herodes, su familia conoció de Cristo y se convirtieron al cristianismo.

También manda saludos a los de **la casa de Aristóbulo** y a los de **la casa de Narciso**. Son referencias probables a los creyentes que trabajaban con ellos o aún que fueran parientes de Aristóbulo (posible pariente de Herodes Agripa I) y de Narciso, que se cree pudiera haber sido secretario del emperador Claudio. En ese caso, dice la Biblia de Estudio MacArthur, p. 1573, dos familias imperiales tenían cristianos en su seno (cp. Filipenses 4:22).

Una característica del apóstol Pablo es que les daba seguimiento a los creyentes de las diferentes iglesias que iban surgiendo; se ocupaba no solo en orar por ellos, también en mandar el consejo oportuno, dando seguimiento a cada uno de ellos.

> **Para meditar:** hoy en día, utilizando "los medios sociales", (término que se usa para incluir a todos los recursos de comunicación) multitud de pastores y líderes le dan seguimiento a sus feligreses, oyentes, seguidores, apoyadores etc. con mucho éxito. No sólo oran por ellos, sino que les brindan alimento espiritual diario o semanal. Tal vez esto se vea negativo para algunos, pues puede evitar asistencia a los templos; pero para otros es un medio de que la Palabra fluya haciendo su obra.

***16:16** "Saludaos los unos a los otros con ósculo santo. Os saludan todas las iglesias de Cristo".*

Esta costumbre viene de épocas remotas en la que se saludaba con un beso a los familiares y amigos, en la frente, la mejilla o la barba. La iglesia primitiva adoptó este saludo, en el que se demostraba el aprecio y respeto por las personas. En las "Constituciones Apostólicas", un escrito compilado en el siglo IV d. C., se hace referencia a que entonces hombres y mujeres se sentaban por separado en distintos lados de la sala, por lo que el beso se daba entre personas del mismo sexo. [9]

La recomendación dada por Pablo y Pedro en las epístolas de Romanos, 1 y 2 de Corintios, 1 Tesalonicenses y 1 Pedro, es que se saludaran con ósculo santo, un beso que hablaba de la armonía entre los creyentes. (Judas besó al maestro para entregarle, de allí surge un proverbio: "el beso de Judas", para denotar una mala acción, entre amigos). El creyente al dar el beso, demuestra amor por su prójimo, lealtad, fidelidad. Los hermanos de la iglesia primitiva padecieron castigos a manos de los impíos, y era muy importante que entre ellos se cuidaran y se brindaran el afecto que tanto necesitaban.

Admonición final de Pablo y bendición (Ro 16:17-27)

***16:17-20** "Mas os ruego, hermanos, que os fijéis en los que causan divisiones y tropiezos en contra de la doctrina que vosotros habéis aprendido, y que os apartéis de ellos. **18**Porque tales personas no sirven a nuestro Señor Jesucristo, sino a sus propios vientres, y con suaves palabras y lisonjas engañan los corazones de los ingenuos.*

***19**Porque vuestra obediencia ha venido a ser notoria a todos, así que me gozo de vosotros; pero quiero que seáis sabios para el bien, e ingenuos para el mal. **20**Y el*

---

[9] Samuel Vila-Ventura, *Nuevo diccionario bíblico Ilustrado* (Barcelona: CLIE, 1985), 110.

Dios de paz aplastará en breve a Satanás bajo vuestros pies. La gracia de nuestro Señor Jesucristo sea con vosotros".

Una súplica más de Pablo a los hermanos, abrir bien los ojos, usar sus dones de discernimiento para no caer en los lazos de hombres con falsas doctrinas, que endulzaban el oído para desviarlos de la verdad. Pablo y Juan en varias de sus cartas trataron de combatir sectas gnósticas (1 Ti 6:20,21) y corrientes de pensamiento que intentaban demeritar la obra de Cristo.

Jesús en su parábola del trigo y la cizaña habló acerca del engañador que siembra una semilla, que al nacer se parece al trigo, pero es venenosa (ver comentario Mateo 13:24-30). Dentro de la iglesia primitiva surgieron falsos maestros y profetas, enseñando doctrinas erróneas y de perdición. El Apóstol muy acertadamente, no manda saludos a estos, sino que exhorta a los creyentes a cuidarse de estos lobos rapaces vestidos de piel de oveja.

"Porque tales personas no sirven a nuestro Señor Jesucristo, sino a sus propios vientres, y con suaves palabras y lisonjas engañan los corazones de los ingenuos". Desde los inicios de la iglesia hubo discrepancias sobre la doctrina. Unos líderes creían que todos los que aceptaran a Cristo, tenían que cumplir con la ceremonia de circuncisión y que esto era obligatorio para todos los gentiles que iban creyendo (ver comentario de Hechos 15:1-5). Pablo y Bernabé misioneros a los gentiles guiados por el Espíritu Santo les explicaron lo correcto y aún cómo personas de otras naciones sin ser circuncidadas recibieron a Cristo como su salvador y fueron bautizados con el Espíritu Santo.

Con las cartas apostólicas se consolidó la sana doctrina, estableciendo los cimientos para la nueva dimensión cristiana libre de las ataduras de la ley.

Para meditar: muchas personas entran a las iglesias para destruir, creando divisiones, discordias entre los hermanos, centrando su atención en banalidades que estorban el crecimiento de la iglesia, y la vida fructífera del creyente.

Levantan piedras doctrinales que van en contra de lo enseñado por las Sagradas Escrituras. Con palabras suaves y lisonjeras engañan el corazón de las personas, con el propósito de alejarlas del amor de Jesucristo. (a estos evita, aconsejaba Pablo a Timoteo).

"que seáis sabios para el bien, e ingenuos para el mal. Paternales palabras con las que concluye la exhortación en contra del divisionismo, similares a las que el Señor Jesús mencionó en Mateo 10: 16 *"...sed, pues, prudentes como serpientes, y sencillos como palomas".* En la primera carta a los Corintios 14:20 el apóstol Pablo menciona *"...sed niños en la malicia, pero maduros en el modo de pensar".* Sabias maneras de explicar cómo el creyente debe de actuar con prudencia, madurez y sabiamente en la obra de Dios. Alejándose de los que maquinan el mal, apartando sus pies de las veredas de perdición y no sentándose en silla de escarnecedores.

"Y el Dios de paz aplastará en breve a Satanás bajo vuestros pies". En Génesis 3:15 se encuentra la palabra profética que probablemente Pablo tenía en mente. Tres comentaristas ofrecen su concepto sobre cómo entender al momento a que se refiere esta promesa. (1) Morris entiende que se trata de una victoria sobre Satanás en el presente. (2) Cranfield y Dunn están convencidos que se refiere a la victoria escatológica. (3) Murray reconoce que esta promesa debe ubicarse en el horizonte de la subyugación de todos los enemigos de Dios (1 Corintios 15:25-28), pero él cree que no debemos excluir una referencia a las conquistas presentes que anticipan la conquista final.[10]

El enemigo quisiera que el creyente minimizara lo que Dios ha hecho a su favor, sin embargo cada creyente debiera tener bien presente que el enemigo, con la muerte victoriosa de Cristo fue puesto debajo de sus pies (Salmo 110:1; Malaquías 4:3; Ef 1:22). No tiene poder sobre los hijos de Dios, y cuando se le resiste, huye del creyente.

16:21-24 *"Os saludan Timoteo mi colaborador, y Lucio, Jasón y Sosípater, mis parientes. ²²Yo Tercio, que escribí la epístola, os saludo en el Señor. ²³Os saluda Gayo, hospedador mío y de toda la iglesia. Os saluda Erasto, tesorero de la ciudad, y el hermano Cuarto. ²⁴La gracia de nuestro Señor Jesucristo sea con todos vosotros. Amén".*

Siempre había en torno de Pablo colaboradores y fieles servidores. El apóstol sabía reconocer el trabajo de cada uno de ellos. Timoteo en las buenas y en las malas había sido un servidor leal, idóneo, sincero, un creyente entregado a la obra de Dios, un joven ejemplar de convicciones firmes.

Lucio, cristiano de Cirene que une sus saludos a los de Pablo, maestro en la iglesia de Antioquía (Hechos 13:1) **Jasón** otro fiel colaborador, posiblemente es el mismo que había hospedado a Pablo y a Silas en Tesalónica (Hch 17:5-9). **Sosípater** su abreviatura, Sopater, cristiano que acompañó a Pablo en su tercer viaje misionero, oriundo de Berea, (Hch 20:4) hijo de Pirro. Posiblemente les llamaba parientes porque eran judíos.

Tercio el amanuense de Pablo. Es la única ocasión que se nombra a un amanuense o escriba en una epístola de Pablo. Matthew Henry y otros comentaristas creen que Pablo necesitaba quien le escribiese las cartas por su vista defectuosa (Gálatas 6:11).[11]

Gayo su hospedador, y que probablemente fue uno de los dos que bautizó en Corintios (1 Co 1:14), no solo hospedaba a Pablo, sino a todos sus acompañantes; además en su casa se reunía la iglesia de Corinto. Una persona ejemplar dispuesta a albergar a todo el que necesitara su apoyo. Este era un nombre propio muy común, en el Nuevo Testamento aparecen otras personas con ese nombre (Hch 19:29; 20:4; 3 Jn 1).

---

10 J.C. Cevallos, *Comentario bíblico Mundo Hispano, tomo 19* (El Paso, TX: Editorial Mundo Hispano, 2006).

11 Matthew Henry (Autor), Francisco Lacueva (Trad.), *Comentario bíblico de Matthew Henry* (Barcelona: CLIE, 1999), 1603.

Erasto otro colaborador que sirvió en Corintios como tesorero y que según una inscripción en latín encontrada en Corinto y fechada a mediados del siglo I menciona a un Erasto quien, a cambio de ser nombrado edil o comisionado para obras públicas, había colocado a expensas propias el pavimento en una plaza cerca del teatro. Él pudo haber sido el tesorero de la ciudad mencionado por Pablo (16:23).[12]

El hermano Cuarto, puede haber sido hermano de Tercio, pues en esa época a los niños nacidos en cautiverio no se les ponía nombre sino se les llamaba por el lugar que ocupaban según su nacimiento.

Dos ocasiones la misma bendición *"La gracia de nuestro Señor Jesucristo sea con todos vosotros"* (vv. 20 y 24). Anhelaba Pablo que Cristo se reflejara en cada creyente, que todos aprendieran de él, como el de Cristo.

Existe el comentario de que la bendición paulina: *"la gracia de nuestro Señor Jesucristo sea con todos vosotros"*, tiene similitud con la bendición sacerdotal de Números 6:25: *"Jehová haga resplandecer su rostro sobre ti..."* y dado que la bendición sacerdotal (6:24-26) al contener tres veces la palabra Jehová, pudiera estar refiriéndose al Padre, al hijo y al Espíritu Santo.

El término *"gracia"* es mencionado más de 170 veces en la Biblia y tiene diversos significados. La gracia de nuestro Señor Jesucristo en su máxima expresión es el perdón, es la salvación. La ley vino por Moisés, pero la gracia vino por Jesucristo (Jn 1:17). La Epístola a los Romanos es abundante en sus primeros capítulos sobre este importante tema. Pablo no deja de enfatizarlo en las palabras finales de su Carta, que en este comentario hemos titulado: ROMANOS: la justificación por la fe en Cristo.

Doxología final (Ro 16:25-27)

16:25-27 "Y al que puede confirmaros según mi evangelio y la predicación de Jesucristo, según la revelación del misterio que se ha mantenido oculto desde tiempos eternos, 26 pero que ha sido manifestado ahora, y que por las Escrituras de los profetas, según el mandamiento del Dios eterno, se ha dado a conocer a todas las gentes para que obedezcan a la fe, 27 al único y sabio Dios, sea gloria mediante Jesucristo para siempre. Amén".

Y para cerrar con broche de oro, escribe un cántico pletórico de exaltación y alabanza al único Dios fiel y verdadero.

Al Dios sublime que respaldaba el evangelio de Pablo cuando predicaba la salvación ofrecida por Jesús con su vida, crucifixión, resurrección, ascensión y promesa de segunda venida. El evangelio que él recibió de Jesús cuando se le mostró camino a Damasco y lo comisionó *"para llevar su nombre en presencia de los gentiles, y de reyes, y de los hijos de Israel".*

---

12 Cevallos, 32.

"La revelación del misterio oculto desde tiempos eternos" que Daniel (Dn 4:9,27) y otros profetas vieron a la distancia, pero que fue revelado por Cristo, y que Mateo, Marcos Lucas y Juan registraron en sus evangelios de una forma completa y detallada y que Pablo confirma en ésta y otras cartas como en Efesios 3:1-13, en donde hace la declaración sobre esta trascendental dimensión: *"que por revelación me fue declarado el misterio... misterio que en otras generaciones no se dio a conocer a los hijos de los hombres... que los gentiles son coherederos y miembros del mismo cuerpo y copartícipes de la promesa en Cristo Jesús por medio del evangelio"*

Confirma el mismo importante concepto escribiendo a Timoteo (1 Ti 3:16) *"... e indiscutiblemente, grande es el misterio de la piedad: Dios fue manifestado en carne, justificado en el Espíritu, visto de los ángeles, predicado a los gentiles, creído en el mundo, recibido arriba en gloria."*

"Al único y sabio Dios, sea gloria mediante Jesucristo para siempre. Amén".

ROMANOS

Preguntas de Reafirmación

Cap. 1

1. Explique la palabra griega *doúlos*, ¿cómo es que Pablo usa esta palabra?

2. ¿Qué importancia da Pablo a la resurrección de Jesucristo en Rom 1:4? ¿Qué implica esto?

3. ¿Por qué Pablo dice en Rom 1:14 que era un deudor?

4. ¿Cuál es el propósito de la manifestación del poder de Dios (Rom 1:16)?

5. ¿Quiénes son: «el abuelo de la Reforma», «el padre de la Reforma» y «el ejecutor de la Reforma»?

6. ¿Cómo ve Dios a aquellos que han sido justificados por la fe? ¿Por qué?

7. ¿Cuáles son las tres formas como Dios se ha revelado?

Cap. 2

1. ¿En qué consiste la auto condena que Pablo alude en Rom 2:1?

2. ¿Qué significa eso de «según verdad» en Rom 2:2?

3. ¿En qué consiste el concepto llamado «La gracia común de Dios»?

4. ¿Qué explicación se puede dar a lo que dice Pablo en Rom 2:6, «perseverando en bien hacer»?

5. ¿Cómo Dios juzgará a los que fueron ignorantes de sus leyes? ¿Cómo Dios juzgará a los que nunca escucharon de Jesús?

6. ¿Cuáles son los tres tipos de revelaciones que han categorizado los teólogos?

7. ¿A qué se refiere el apóstol Pablo cuando habla de un verdadero judío (Rom 2:25-29)?

Cap. 3

1. ¿Cómo responde Pablo a la pregunta de qué ventaja tiene el pueblo judío?

2. ¿Por qué Pablo trae a colación Salmos 51:4?

3. ¿Qué significa la frase «estar bajo pecado»?

4. ¿En qué versículos de Rom 3 Pablo describe a Dios hablando como un médico?

5. ¿Cuál es la definición de *temor de Dios* según William R. Newell?

6. ¿Cómo traduce la versión de la Biblia *Traducción en Lenguaje Actual* Rom 3:20? ¿Por qué la ley condena al ser humano?

7. ¿Qué dice el comentario que significa la expresión «aparte de la ley» (v. 21)?

Cap. 4

1. ¿Cómo razonaría un israelita respecto a la justificación de Abraham? (Lea el comentario de Rom 4:1-3).

2. ¿Cómo Pablo prueba que Dios justificó a Abraham por la fe y no por las obras?

3. ¿De qué manera Pablo prueba la justificación por la fe con un pasaje escrito por David? ¿Cuál es este?

4. ¿De quién es Abraham padre? ¿En qué sentido?

5. ¿Por qué Abraham es heredero del mundo?

6. ¿En qué sentido el creyente goza de una triple paternidad según el comentario?

7. ¿Cómo es que se describe la fe de Abraham en los vv. 18-21?

Cap. 5

1. ¿Cuáles son las «cinco solas» que se promovieron en la Reforma? ¿Qué quieren decir cada una de ellas?

2. ¿De qué manera la tribulación produce paciencia? Explique.

3. ¿Cuál es la diferencia entre «gr. *chronos*» y «gr. *kairos*»? ¿En dónde se usa la palabra *kairos* en Rom 5?

4. Cuáles son los cinco «mucho más» de Rom 5:9-20 según la nota mencionada del comentario de William MacDonald?

5. ¿De qué manera Pablo contrasta Adán con Cristo en Rom 5:12-17?

6. ¿De qué manera explica el comentario la palabra *justificación* (v.16)?

Cap. 6

1. ¿Por qué Pablo pregunta que si es permitido seguir pecando?

2. ¿Quiénes son los antinomianos? ¿Qué decían Lutero y Calvino de ellos y de sus ideas?

3. ¿Cuál es la doctrina fundamental que Pablo desarrolla en el capítulo 6 de Romanos?

4. ¿Cuál es el significado del bautismo en agua según lo explica Pablo en Rom 6?

5. ¿Pablo asegura que el creyente que ha nacido de nuevo ya nunca más pecará? Si/No (explique de acuerdo al comentario).

6. Dé explicación a Rom 6:11 (auxíliese del comentario).

7. ¿De qué manera el apóstol Pablo explica la vida de santidad comparándola con el concepto de esclavitud (vv. 19-22)?

Cap. 7

1. En la analogía de Pablo en Rom 7, ¿quién es el viejo hombre? ¿Quién es la Ley?

2. ¿Qué significa la muerte del marido en Rom 7:3?

3. ¿Qué es a lo que probablemente Pablo estaba haciendo alusión —según el comentario— cuando menciona el décimo mandamiento?

4. ¿Qué es lo que el comentario explica que significa «venido el mandamiento» (v.9)?

5. ¿Qué es lo que Pablo quiere decir cuando exclama: «Mas yo soy carnal, vendido al pecado» (v. 14)?

6. ¿A qué se refiere el Apóstol cuando dice que el mal está en él (v.21)? ¿Está hablando de un estado actual o del pasado? (lea el comentario).

7. ¿Cuál es la solución expuesta por Pablo en los últimos versículos del capítulo para ser victoriosos respecto al tema de la santificación?

Cap. 8

1. Resuma el tema principal de los capítulos 6, 7 y 8 de Rom según la introducción al comentario (capítulo 8).

2. ¿Qué significa *estar en Cristo* según el comentario?

3. ¿Cuál es una de las principales características de aquellos que andan en el Espíritu, y qué pasaje de la carta a los Filipenses habla en detalle de esto?

4. ¿Cuál es la diferencia entre vivir y andar en el Espíritu según el comentario?

5. ¿Qué relación tiene el pasaje de Rom 8:11-13 con la sanidad divina?

6. ¿Cuál es la condición para ser coherederos con Cristo según Rom 8:15-17? (auxíliese del comentario).

7. ¿A qué tipo de oración se refiere Rom 8:26? ¿Qué otros versículos en el NT hablan de este tipo de oración?

8. ¿Cuál es el propósito que tienen aquellos que son *contra nosotros*? (lea el primer párrafo del comentario a Rom 8:31,32).

Cap. 9

1. ¿Por qué Pablo enfatiza que está diciendo la verdad en Rom 9:1?

2. ¿A qué se refiere Pablo con: 1) adopción, 2) la gloria, 3) el pacto, 4) la promulgación de la ley, 5) el culto y 6) las promesas?

3. ¿Qué quiere decir la frase de Pablo en donde dice: «No todos los descendientes de Israel son israelitas» (Rom 9:6)?

4. ¿Qué significa la frase: «A Jacob amé, mas a Esaú aborrecí»?

5. ¿Cuál es el papel de los intercesores para que alguien alcance la misericordia de Dios?

6. ¿Cómo se puede conciliar el libre albedrío humano con la soberanía de Dios en elegir *vasos de honra* y de *deshonra*?

7. ¿Cómo es que la ley de Dios —siendo perfecta— se convirtió en tropezadero para Israel?

Cap. 10

1. ¿De qué manera Rom 10:1 demuestra que la oración por la salvación de una nación entera tiene valor ante Dios?

2. ¿Cuáles son algunos conceptos judíos respecto a la vida futura del ser humano?

3. ¿De qué manera la religión puede ser buena? ¿De qué manera se convierte en rebeldía contra Dios?

4. ¿Qué explicación da el comentario a la expresión de Pablo: «¿Quién subirá al cielo (esto es, para traer abajo a Cristo), o ¿quién descenderá al abismo? (esto es, para hacer subir a Cristo de entre los muertos)»?

5. ¿Qué valor tiene la resurrección de Cristo según el comentario?

6. ¿Qué importancia tiene la confesión para ser salvos?

7. ¿Cuáles son las tres revelaciones de las que habla el comentario que son necesarias para que una persona escuche con claridad el mensaje del evangelio?

Cap. 11

1. ¿Qué pasajes del AT hablan de que Dios había desechado a Israel? ¿Por qué dice Pablo que Dios no ha desechado a su pueblo?

2. ¿Cuál es el remanente que ha quedado del pueblo de Israel según el apóstol Pablo?

3. ¿Cómo se pueden entender las tres declaraciones que hace Pablo en Rom 11:7-10 según el comentario?

4. ¿De qué se trata el *derecho legal* de obtener santidad mediante el pueblo judío (consulte la explicación en el comentario de Rom 11:15-16)?

5. ¿Cuáles son las dos razones por las que una persona puede hacer claudicar en su fe? (Explique).

6. ¿Cuál fue un vivo ejemplo de que Dios es poderoso para «volver a injertar» a un judío, es decir, salvarlo?

7. ¿Cómo debería entenderse el concepto «todo Israel será salvo»?

Cap. 12

1. ¿Cuáles son las tres características que debe tener todo creyente al presentarse ante Dios según Rom 12:1?

2. ¿Cuál es la explicación que da el comentario a la expresión «culto racional»?

3. Explique con sus propias palabras el comentario respecto a la diferencia entre conformarse y transformarse.

4. ¿Cómo explica el cometario el don de profecía?

5. ¿Qué palabra griega utiliza Pablo en Rom 12:9 la cual en español es traducida como *amor*?

6. ¿Cómo es que el cristiano debe ser constante en la oración (Rom. 12:12)?

7. ¿Qué significa «ascuas de fuego amontonarás sobre su cabeza»?

Cap. 13

1. Defina la palabra *sométase* de acuerdo al comentario.

2. ¿A quiénes se les debe sometimiento según la Palabra de Dios? Mencione los versículos bíblicos.

3. ¿Cómo diferencia el comentarista las palabras *autoridad* y *autoritarismo*?

4. Según el comentarista ¿cuál es la diferencia entre *tributo* e *impuesto*? (Rom 13: 5-7).

5. ¿En qué sentido el amor al prójimo es una obligación, así como lo es respetar y honrar a las autoridades?

6. ¿La expresión «no debáis a nadie nada» se refiere a que es pecado pedir prestado? Sí/No. ¿Por qué?

7. ¿Qué significa «vestirse del Señor Jesucristo»? (Rom 13:14)? ¿Qué tiene que ver esta expresión con la venida de Cristo?

Cap. 14

1. ¿Cuáles son los flacos (TLA) en la fe? (Rom 14:1).

2. ¿Cuáles son las comidas que el cristiano no debe comer? ¿Por qué?

3. ¿Cuál es la razón por la que dice el apóstol Pablo que es no lícito juzgar al hermano (Rom 14:4)? (Consulte el comentario).

4. ¿Qué importancia tienen los motivos que el cristiano tiene cuando practica tal o cual cosa lícita (Rom 4:5-6)?

5. ¿Cuál es el motivo por el cual el cristiano vive para Cristo en íntima unión?

6. ¿Cuándo el hacer uso de nuestra libertad cristiana se convierte en un pecado? ¿De qué tipo de pecado se trata?

7. ¿Qué significa «no sea vituperado vuestro bien»? ¿Qué trascendencia tiene esto para la unidad del cuerpo de Cristo?

8. ¿Cuál es una nueva definición de *pecado* provista por el apóstol Pablo en Rom 14:22-23?

Cap. 15

1. ¿Cuál es el sentido del pasaje del AT que cita Pablo en Rom 15:1-3? ¿Qué es lo que Pablo está queriendo decir?

2. ¿De qué manera dice Pablo que es útil el AT? (Auxíliese del comentario para su respuesta).

3. ¿Qué significa eso de que Jesús fue *siervo de la circuncisión*?

4. El comentarista de Rom 15:13 cita a Samuel Pérez Millos, ¿qué es lo que resalta de sus apreciaciones al escribir sobre este pasaje?

5. ¿Por qué lo que Pablo dice que Dios ha hecho por medio de él es algo lícito y agradable a Dios? ¿Es esto de alguna manera una manera sutil de jactarse?

6. ¿Qué pasajes del NT confirman que Pablo no era un *sobreedificador* sino un edificador?

7. ¿De qué manera se puede evidenciar la gran fe que tenía Pablo cuando habla del viaje a Roma que tiene programado?

Cap. 16

1. ¿Qué se puede decir de la amabilidad y compañerismo que mostraba Pablo con las personas al leer el último capítulo de Romanos?

2. ¿Qué significa el nombre de Febe?

3. ¿Qué evidencias podemos ver en este capítulo de la importancia que el apóstol Pablo da a las mujeres en la iglesia?

4. Mencione tres apreciaciones puntualizadas por el comentarista respecto a la mención de Priscila y Aquila en Rom 16.

5. De entre los muchos que Pablo hace mención en Rom 16, ¿quiénes se destacan? ¿Por qué?

6. ¿Qué importancia tenía el ósculo santo en los tiempos de Pablo? ¿Quiénes se saludaban de esta manera?

7. ¿Cuál es el último consejo que Pablo da a los hermanos en la epístola a los Romanos? ¿Por qué piensa que es algo importante ese consejo (v.19)?

www.ingramcontent.com/pod-product-compliance
Lightning Source LLC
Chambersburg PA
CBHW081446070526
44586CB00019B/2245